経営や会計のことはよくわかりませんが、儲かっている会社を教えてください！

TO INITIATE YOU INTO THE MYSTERIES OF AN ACCOUNTING

川口宏之
Kawaguchi Hiroyuki

ダイヤモンド社

ヤマト運輸と佐川急便。
「儲かっているのはどっち？」と聞かれたら、
多くの人は「ヤマト運輸」と答えるでしょう。
でも実は、佐川急便のほうが
「儲かっている」のです。

秘密を解くカギは「財務諸表」にあります。
「なぜ儲かっているのか」。
それを経営と会計の両面から
読み解くことができるのです。

ヤマト運輸と佐川急便
電通と博報堂
アップルとアマゾン etc.

本書は、有名企業の財務諸表を対比させることで、
「実務に使える会計知識」と「経営分析の基本」を学ぶものです。

実在する企業の財務諸表は、まさに「生きた教科書」。

会計を会計だけで学ぶのではなく、ビジネスとのつながりを意識する。
すると、見える世界が変わります。

まえがき

「儲け＝利益」ではない

「儲け」といえば、「売上」や「利益」をイメージする人が多いでしょう。

もちろん売上や利益も重要ですが、それ以前に、売上や利益を生み出すために必要な資産（キャッシュや在庫など）や費用（人件費や広告宣伝費など）があり、その原資である負債や純資産もあります。あらゆる数字が渾然一体となって、企業経営は進行するものです。

ある企業では「キャッシュ・フロー（資金繰り）」が重要であったり、また別の企業では「売上高と広告宣伝費のバランス」が重要であったりと、**「儲け」の定義は企業によって異なります。**さらにいえば、同じ企業でも成長ステージによって「儲け」の定義は変化していきます。

例えば、アーリーステージ（起業直後）においては、たとえ赤字であっても、とにかく売上高を伸ばしていくことが重要です。しかし売上が一定規模まで成長すれば、今度は利益が重要な指標となります。

複眼的な「儲け」の視点を身につける

「会計はビジネスの共通言語」という言葉がありますが、会計に苦手意識を持っている方や会計をビジネスに活かせていない企業がまだまだ多いと感じます。

それはなぜか。単純に「売上」と「利益」しか見ていないことが多くの原因です。実在する企業は多種多様で、**画一的・短絡的に「売上」や「利益」だけで「儲け」を測れるものではありません。**

複眼的な「儲け」の視点を身につけていただき、「儲けとは何か」を広く啓蒙していきたいと思ったのが、本書執筆のきっかけです。

申し遅れました。公認会計士の川口宏之と申します。

本書は、有名企業の財務諸表をケーススタディとして、会計の基礎知識を学びつつ、経営指標のしくみや企業分析の手法を学ぶのが目的です。

財務諸表とは、企業の経営実態を数値として映す鏡。

有名企業に対する一般的なイメージや世間の噂からは見えてこない、その企業の真の姿が財務諸表に表れます。

まず、本書が生まれた背景からお話しします。

500社の財務諸表を徹底分析

私は、公認会計士試験に合格後、大手監査法人に就職しました。当時の私のメインクライアントは某大手銀行でした。

銀行は企業に融資しますが、そのお金が貸し倒れにならないかどうか（融資先企業の経営状況に問題がないかどうか）をチェックし、必要があれば将来の貸し倒れに備えて引当金を計上します。これを自己査定といいます。

私は、銀行の自己査定が適切かどうかを、第三者的な立場からチェックする業務を担いました。銀行の融資先は膨大な数です。めまいがするほどの財務諸表をひたすら分析しました。**正確かつスピーディに、「疑義《ぎぎ》あり」「疑義なし」を判断。**そして、疑義がある企業については、銀行の審査担当者や融資担当者にヒアリングします。

年間100社ほどの件数で、これを約5年間担当したので、のべ500社の財務諸表を分析したことになります。先輩会計士に叱られながら必死に食らいついた当時の「量稽古」が、いまの私の会計リテラシーの支えとなっています。

その後、証券会社に転職しましたが、そこでは引受《ひきうけ》審査業務（上場を目指している企業が上場にふさわしいかどうかを証券会社の立場からチェックする業務）を担いました。具体的には、「同業他社と比較して何が優位点になっているのか」「そのビジネスモデルがマーケットに照らして将来性があるかどうか」「それらが財務諸表にどう表れているか」などを**多面的に審査**していました。

銀行の自己査定とはまた違った角度（アプローチ）から、企業を分析する目が養われました。

当時はリーマンショックが起きる前で、ＩＰＯ市場が非常に活況な時期でした。そのため、証券会社に持ち込まれるＩＰＯの件数も膨大で、ここでも激しい「量稽古」を経験しました。

「審査する側」から「審査される側」に

多数のベンチャー企業を審査しているうちに、リスクを背負ってチャレンジしているベンチャー経営者の姿に感銘を受け、「今度は審査する側ではなく、審査される側に回りたい」という気持ちが徐々に芽生え始めました。そして思い切って、上場準備中のＩＴベンチャー企業に転職しました。

そこでは、取締役兼ＣＦＯという立場で、**会社経営の〝当事者〟を経験**しました。それまではできあがった数字（財務諸表）が出発点でしたが、今度は数字を積み上げていくプロセス（経営戦略の構築と実行）を担い、その重要性を感じました。

そもそも「儲け」とは何か？

　モバイルメディア運営をメインとした会社だったため、メディアとしての媒体価値（会員数やアクセス数など）が重要な意味を持つビジネスでした。したがって、そこでの「儲け」は単純に売上や利益で測れるものではありません。

　しかも、私は財務担当の取締役だったため、自社の「儲け」の視点をベンチャーキャピタルや金融機関に説明しなければなりません。正当に評価してもらい、出資や融資という形で資金調達をするのが役割でした。

　スタートアップベンチャーは常に資金繰りとの戦いです。まさに外部の人間では計り知れない苦労の連続でした。**会社を存続させるための資金繰り（キャッシュ）が、「儲け」を生み出す原資**であることを、身をもって体感しました。

　リーマンショックのあおりで、結局、会社は上場を断念します。私は役員を辞し、会計専門のコンサルタントに転身することにしました。

　現在は会計コンサルタントとして、超大手有名企業から同族経営の小規模企業まで、実にさまざまな規模の、そしてさまざまな業種のクライアントを会計的側面から支援しています。

　このように私は、「監査法人」「証券会社」「ベンチャー企業」「コンサルタント」という4つの立場で、膨大な数の企業（財務諸表）を、ときには客観的に、ときには主観的に、徹底的に分析してきました。

そこで考えさせられたのが、「儲け」という言葉についてです。繰り返しになりますが、「儲け」の定義は企業によってさまざま。画一的・短絡的に「売上」や「利益」だけで計れるものではありません。**押さえるべき数字をきちんと押さえ、かつ、「儲け」に対する視点が特定のものに偏らず、全体を俯瞰することが、ビジネスにおいて不可欠**であることを痛感しました。

実在する企業こそが、「生きた教科書」として抜群に役に立ちます。無味乾燥な会計理論や財務の公式だけを覚えようと思っても、右から左へ流れて行ってしまうものです。そのため本書では、誰もが知っている有名企業の財務諸表を比較する形式をとりました。

「会計」と「ビジネス」をつなげる

会計は会計、ビジネスはビジネス。このように分けて考えるのではなく、会計とビジネスのつながりを意識することが、実務で役立つ会計知識となります。

そのため本書でも、単なる財務分析に終始するのではなく、**「業種の特殊性」**や

「ビジネスモデルに照らした場合の合理性」など、よりビジネスの実態に即して分析しています。

読者の皆さんも、「このビジネスモデルの効果が、財務諸表のこの数値に表れているんだな」とか、「財務諸表のこの数値が低いから、こういう経営戦略に舵を切ったのか」など、ビジネスの実態をイメージしながら読み進めてください。

本書の構成と留意点

本書は全部で12章からなっており、各章で代表的な2社を比較分析する構成にしています。つまり、合計24社が本書に登場します。1社単独で分析するより、他社との比較で分析したほうが、よりクリアにそれぞれの企業の特徴が見えてきます。

また、各章ごとに1つの経営指標を切り口として企業分析をしています。経営指標というと難しく聞こえますが、これはいわば**「儲けの基準」**です。「売上」や「利益」も扱いますが、本書では「自己資本比率」（第4章）や「総資産回転率」（第8章）といった指標も扱います（詳しくは36ページより）。

わかりやすく対立構造にしていますが、「一方が優れていて、もう一方が劣っている」と決めつけるものではありません。ましてや、特定の企業をさげすんだり見下したりする意図などはまったくありません。あくまで、「ひとつの側面で見た場合の分析結果」ととらえてください。

本書をきっかけに、読者の皆さんが会計の世界に興味を持っていただけたら幸いです。本書でお伝えする知識・ノウハウを、ビジネスや株式投資、就職・転職の際の会社選びなど、さまざまなシーンでご活用ください。

目次

第1章 儲かっているのはどっち？ 営業利益率

ヤマト運輸 vs 佐川急便

第4章 堅実なのはどっち？ 自己資本比率
NTTドコモ vs ソフトバンク

第5章 在庫リスクが高いのはどっち？ 棚卸資産回転期間

大和ハウス工業 vs 積水ハウス

第6章 M&Aに積極的なのはどっち？ のれん

アサヒ vs キリン

第7章 総合力が高いのはどっち？ 当期純利益率

JAL vs ANA

第10章 社員の貢献度が高いのはどっち？

キーエンス vs M&Aキャピタルパートナーズ

1人当たり売上高

※本書の内容は、２０１９年9月末時点の情報にもとづいています。

ODUCTION

序章　**準備体操**

「財務3表の基本」と「12の儲け」

準備体操として、財務諸表の構成や読み方について簡単に説明します。財務諸表を図に置き換えて分析する手法を使って、わかりやすく解説します。ここで紹介する図は、次章以降の説明の土台となるものですので、頭に入れておいてください。

INTR

財務諸表と財務3表とは?

「財務諸表」という言葉は知っていても、何を指すのかがわからない方も多いのではないでしょうか? 「儲け」を知るには、財務諸表の理解が必須です。

次ページの上図を見てください。財務諸表とは、「会社の経済活動を記録・集計したもの」と定義することができます。財務諸表には、「諸表」の文字が示すようにさまざまな書類が含まれています。その書類の中でも、貸借対照表、損益計算書、キャッシュ・フロー計算書の3つが最も重要なもので、これらを合わせて「財務3表」といいます。この「財務3表」は本書を読み進める上での必須知識といえます。

貸借対照表のポイント

貸借対照表は、一定時点における会社の財政状態をまとめた書類で、会社の儲けの土台となるものです。貸借対照表は、資産、負債、純資産の3つに区分されます。

負債と純資産には**「どこからお金を集めているのか（資金の調達源泉）」**が書かれており、資産には**「その集めたお金を何に使っているのか（資金の運用形態）」**が記

財務諸表と財務3表

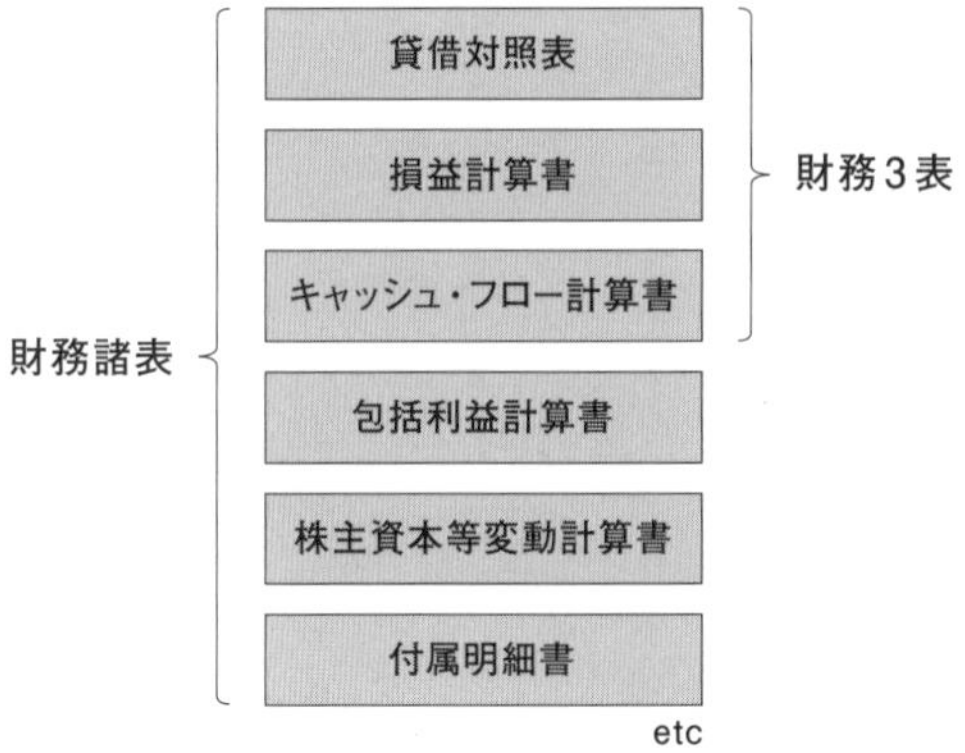

貸借対照表の基本

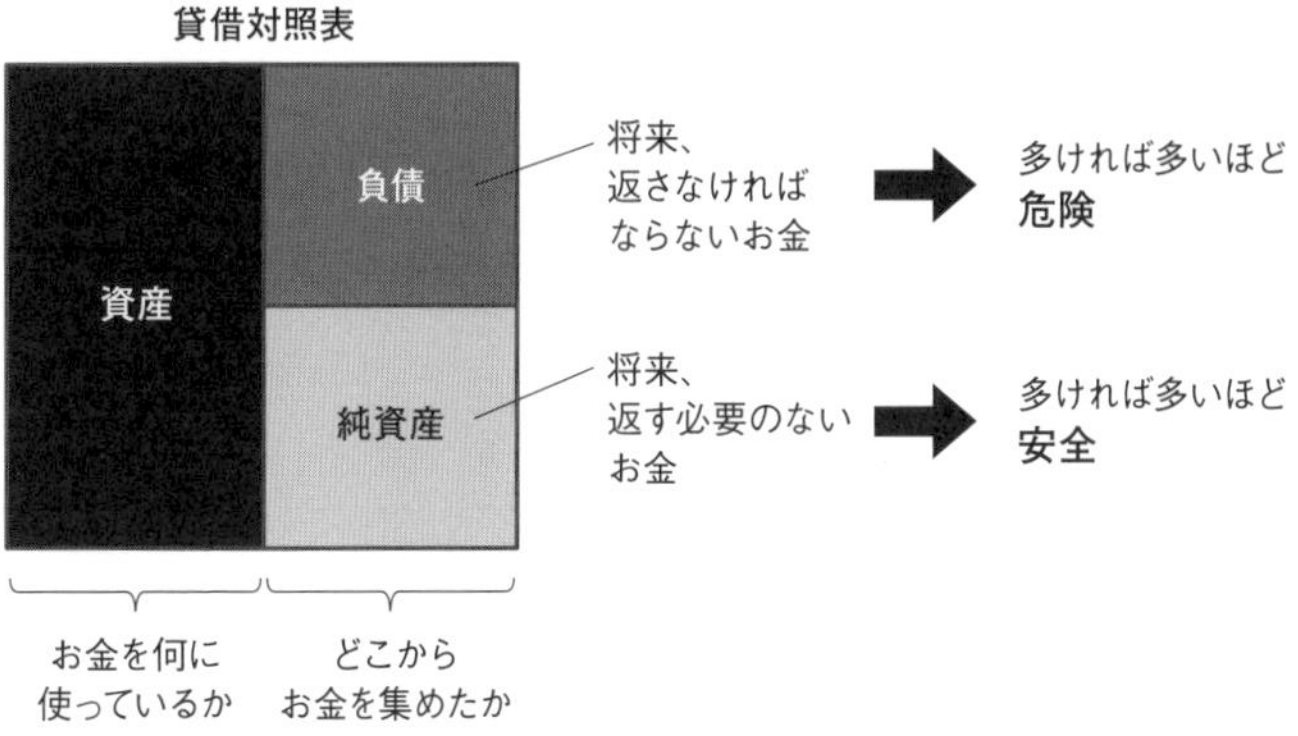

載されています。

負債と純資産はどちらも資金の調達源泉を表すものですが、返済義務の有無という点で、両者には性質の違いがあります。

すなわち、**負債は「返済義務のある資金の調達源泉」**で、**純資産は「返済義務のない資金の調達源泉」**、という違いです。

貸借対照表でまず真っ先に見るべきは、資産、負債、純資産それぞれの金額です。この3つの大小関係を見れば、会社の安全性（倒産のリスクが高いか低いか）を大まかに測ることができます。貸借対照表は、前ページのようなボックス図にすれば、さらに一目瞭然となります。

貸借対照表のボックス図の右側のうち、純資産の占める割合が大きい会社は、株主から集めた資本金や自社で稼いだお金など、返済義務のない資金によって多くを賄《まかな》っている会社であるため、財務的な安全度が高い会社といえます。

逆に、負債の占める割合が大きい会社は、資金調達の多くを返済義務のある借金などに頼っているため、危険度が高い会社といえます。

ちなみに、負債がさらに膨らんで資産を上回ってしまったら、その会社はほぼ瀕死の状態です（これを債務超過といいます）。このような会社は、資本を増強するなどして応急処置をする必要があります。

損益計算書のポイント

損益計算書は、会社が一定期間にどれだけ儲けたのかを表した書類で、会社の儲けの量や質を表します。極めてシンプルに説明すると、「売上高」から「費用」を差し引いて「利益」が算出されるという構造になっています。

ただ、実際の損益計算書ではもっと細かく分類されており、費用をどの部分まで差し引くかで、段階的に5種類の利益が掲載されています。

具体的には、売上高から仕入れや製造にかかった費用を差し引いた**「売上総利益（粗利益）」**、そこから販売活動や管理活動にかかった費用を差し引いた**「営業利益」**、さらに銀行利息等を差し引いた**「経常利益」**、そして災害等の突発的に発生した損失も差し引いた**「税金等調整前当期純利益」**、最後に法人税等を差し引いて算出される**「当期純利益」**、これら5つの利益が順番に書かれています。

複雑に見える損益計算書も、売上高と5種類の利益だけに注目すれば、会社の収益力（稼ぐ力がどのくらいあるのか）を大まかに測ることができます。売上高と5種類の利益を図にすると、階段状の図になります。次ページを見てください。

階段の傾斜が緩やかな会社は、少ない売上でも利益が出る筋肉質の会社なので、収益力が高いといえます。逆に、階段の傾斜が急な会社は、同じ売上でも少ない利益し

損益計算書の基本

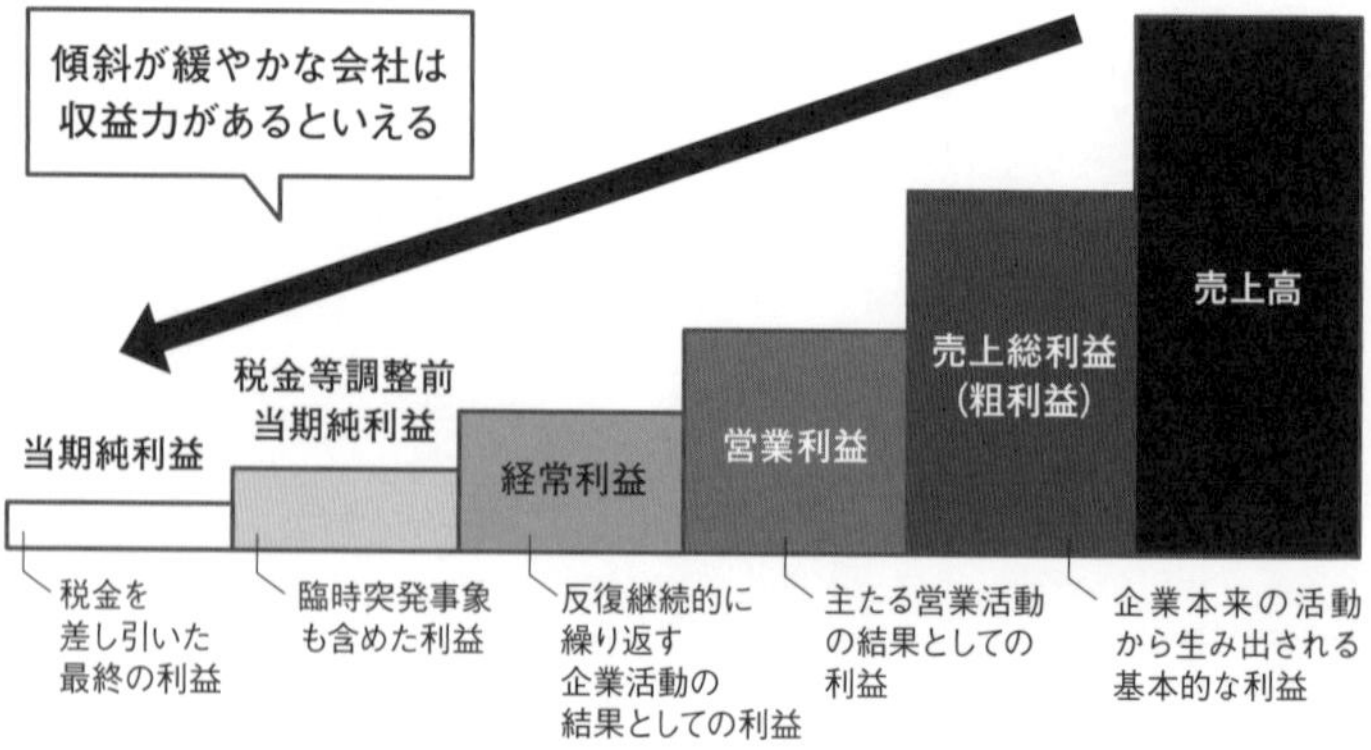

か稼げないということなので、収益力の低い会社といえます。

5つの利益の中で特に注目すべきは、階段の右から3段目の「営業利益」の高さです。**「営業利益」は本業で稼いだ利益**を表しています。そのため、これが高い位置にある会社は業績好調の高収益企業です。

次に注目すべきは、その左隣の「経常利益」です。「経常利益」は本業以外の財務的な要因が加味された利益です。例えば、「営業利益」から「経常利益」への階段がガクンと下がっていたら、多額の銀行借入れにより金利負担が重いこと等が推測されます。たとえ「営業利益」が高くても「経常利益」が低い状態が続いている会社は、

怪しい損益計算書の例

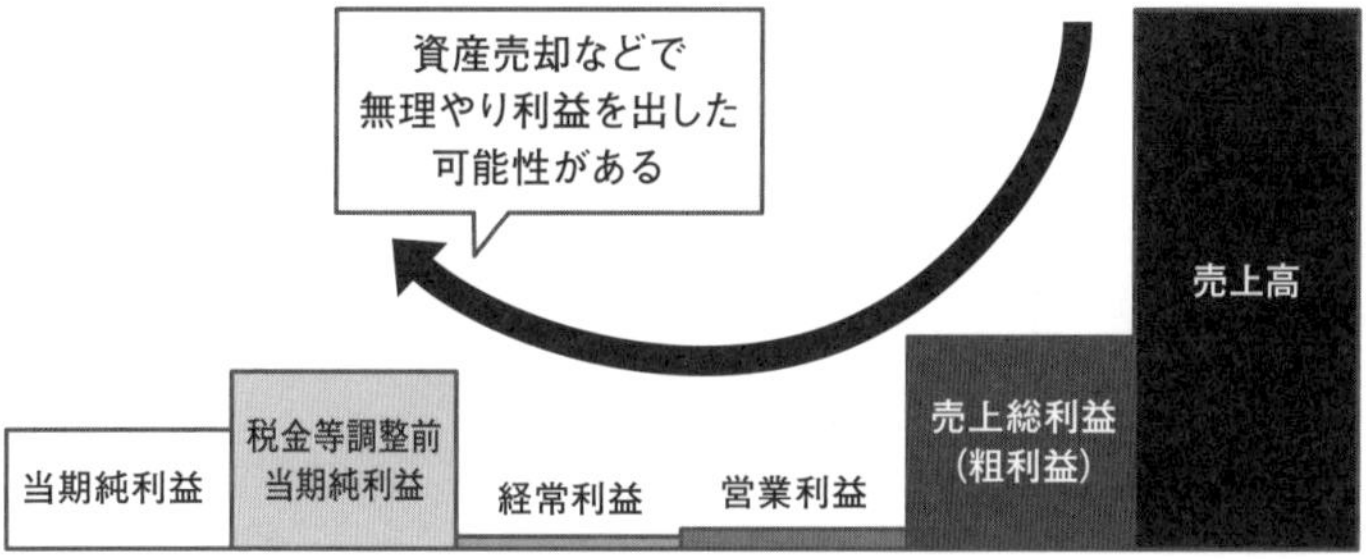

財務体質を改善しない限り、高い収益力は見込めません。

営業利益率や経常利益率などの各種利益率は、売上高を分母にしているため、階段の傾斜を見れば、利益率が高いのか低いのかは一目瞭然です。

２段目～４段目が低い位置（あるいはマイナス）にあるのに、５段目が飛び抜けて高いU字状の階段の会社には要注意です。このような会社には資産売却などで無理やり利益を捻出したと推測できます。

このような損益計算書の構造を理解すれば、会社の収益力が本物なのか、単なる一過性のものなのかを見抜くことができるでしょう。

キャッシュ・フロー計算書のポイント

キャッシュ・フロー計算書は、会社の現金・預金（現預金）が一定期間にどれだけ増えたのか（減ったのか）を表した書類で、会社の儲けをキャッシュ（現預金）の動きでとらえたものです。現預金の増減要因別に、「営業キャッシュ・フロー」「投資キャッシュ・フロー」「財務キャッシュ・フロー」の３つに区分されています。３つのキャッシュ・フローのそれぞれがプラスかマイナスかを見れば、会社の好不調、投資の姿勢、置かれているステージなどがざっと把握できます。

営業キャッシュ・フローは、本業での現預金の増減を意味します。プラスなら、本業で現預金が増えている好調な会社であり、マイナスなら、本業で現預金が減って苦戦している会社であることがわかります。

投資キャッシュ・フローは、事業拡大のための設備投資や他の会社への出資等による現預金の増減を意味します。マイナスなら「攻めの経営」を行っていることを意味します。プラスなら設備の売却などで現預金が増えたということで、既存事業からの撤退・縮小などの「守りの経営」に入っていると読みとれます。

財務キャッシュ・フローは、銀行や株主との関係により発生した現預金の増減を意味します。プラスの場合、銀行からの借入れなどで現預金を集めたことを意味します。

キャッシュ・フロー計算書の３要素

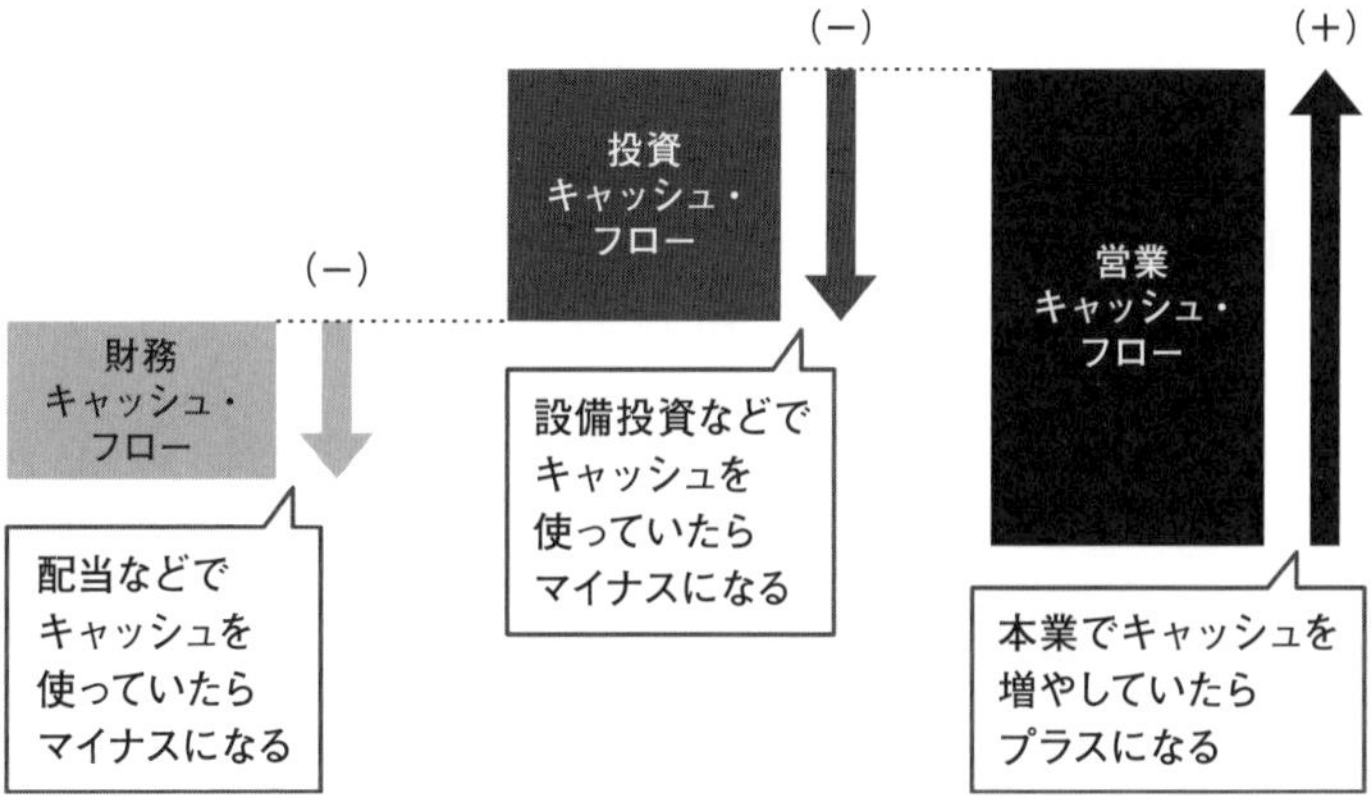
(−)
(+)
投資
キャッシュ・
フロー
営業
キャッシュ・
フロー
(−)
財務
キャッシュ・
フロー
設備投資などで
キャッシュを
使っていたら
マイナスになる
配当などで
キャッシュを
使っていたら
マイナスになる
本業でキャッシュを
増やしていたら
プラスになる

マイナスの場合、借入金の返済や株主への配当支払いで現金が減少したことを意味します。

通常、ビジネスの導入段階では多額の現預金が必要になるので、銀行借入れを積極的に行い、財務キャッシュ・フローがプラスとなります。

その後、ビジネスが成熟期に入ると現預金が潤沢になるため、現預金を借入金の返済に回したり、配当に回したりして、財務キャッシュ・フローがマイナスになる傾向にあります。

ただし、会社の資金繰りが厳しい状況であれば、導入・成長期でなくとも、金融機関などからの借入れにより、財務キャッシュ・フローがプラスに振れることもあるので注意が必要です。

財務3表はどうつながっているか

貸借対照表は、会社の決算日（期末）時点の財政状態を表したものです。例えば、毎年3月31日が決算日の会社であれば、3月31日時点での会社が持っている財産や負っている借金等の一覧となります。

損益計算書は、1年間の経営成績を表したものです。すなわち、4月1日から翌3月31日までに売上はどのくらいあって、費用はどのくらいかかって、結果として利益をいくら稼いだかを記しています。

キャッシュ・フロー計算書は、1年間のキャッシュ・フローの状況を表したものです。すなわち、1年間でキャッシュがどのくらい増えたのか（あるいは減ったのか）を3つの要因別に記しています。

財務3表はバラバラに存在しているようで、実は密接につながっているのです。この財務3表のつながりを説明します。次ページの図を見てください。

貸借対照表と損益計算書の関係

期首（4月1日）時点の貸借対照表の中の純資産は300億円だったとします。その1年後の3月31日には305億円となっていました。1年間で純資産が5億円増え

財務3表のつながり

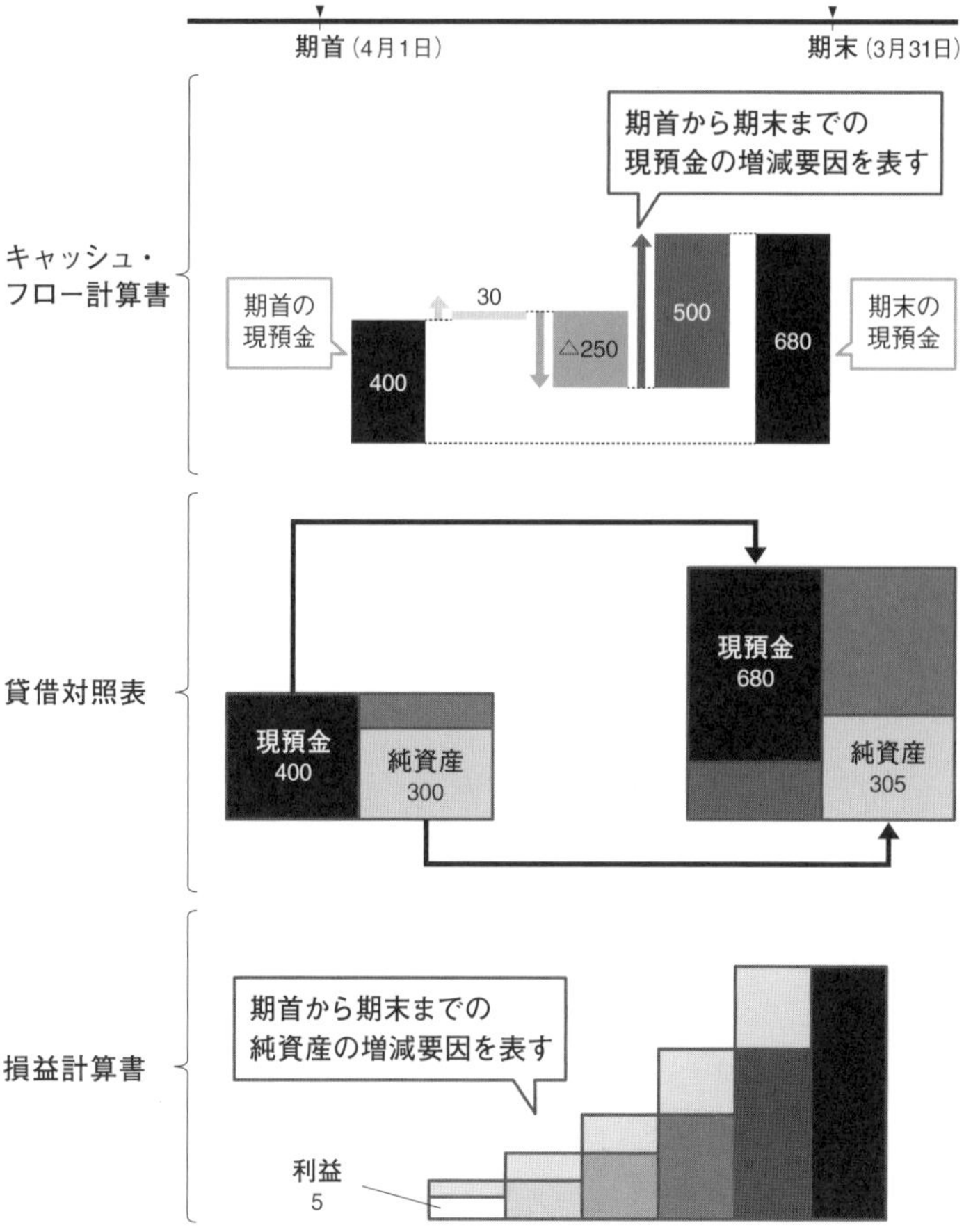
期首（4月1日）
期末（3月31日）
キャッシュ・フロー計算書
期首から期末までの現預金の増減要因を表す
期首の現預金
400
30
△250
500
680
期末の現預金
貸借対照表
現預金 400
純資産 300
現預金 680
純資産 305
損益計算書
期首から期末までの純資産の増減要因を表す
利益 5

ています。その要因を詳細に表しているのが損益計算書です。1年間の売上からもろもろ費用が差し引かれて、最終的に当期純利益が5億円だったため純資産（利益剰余金）が5億円増えているのです。

すなわち、**損益計算書は、貸借対照表の期首の純資産と期末の純資産の増減要因を表したもの**なのです。

貸借対照表とキャッシュ・フロー計算書の関係

期首（4月1日）に現預金が400億円あったとします。1年後の3月31日には680億円になっていました。1年間で現預金が280億円増えています。その要因を詳細に表しているのがキャッシュ・フロー計算書です。営業活動、投資活動、財務活動の3つの活動を行ったことで現預金が増減し、最終的に280億円の増加となっているのです。

すなわち、**キャッシュ・フロー計算書は、1年間の現預金の増減要因を表したもの**なのです。

「個別」と「連結」の違い

ひと口に財務諸表といっても、実は「個別財務諸表」と「連結財務諸表」の2種類があります。**同じ会社の財務諸表でも、それが「個別財務諸表」なのか、「連結財務諸表」なのかで、金額は大きく異なります。**

個別財務諸表とは、１つの会社を対象とした財務諸表のことです。これに対して連結財務諸表とは、企業グループ全体の財務諸表のことを指します。

例えば、東証一部上場の東急不動産ホールディングスという会社は、傘下《さんか》に東急不動産、東急リバブル、東急ハンズ、などの子会社を抱えています。

グループ全体を束ねる機能を持つ東急不動産ホールディングスは、子会社の株式を保有することで、グループ全体の事業活動をコントロールします。逆にいうと、自ら顧客に商品の販売やサービスの提供は行いません。実質的な事業は、多数の子会社が営んでいます。東急不動産ホールディングスだけを対象とした個別財務諸表を見ても、会社の実態は何もわかりません。グループ経営を行っているのであれば、グループ全体を対象とした連結財務諸表を見なければ、経営の実態はわからないのです。

今や、上場企業のほとんどが子会社を抱えるグループ経営をしています。そのため、**連結財務諸表を使って企業分析するのが通常であり、個別財務諸表はその補足情報と**

いう位置づけとなります。もちろん、子会社を抱えていない会社は個別財務諸表しかありませんので、個別財務諸表を使って企業分析します。

本書では断りがない限り、連結と個別（単体）の両方の財務諸表がある会社の場合は、連結財務諸表で説明します。

本書は、ここまで説明した財務3表の知識を前提に進めますので、理解できるまで何度も読み返してください。

「12の儲け」とは？

本書では、これから説明する12の経営指標を「儲けの基準」と定義します。業種や企業規模などにより重要となる経営指標は異なりますが、一般公開されている財務数値から算出できるもので、かつ、外部からの注目度が高く、企業を経営する上で押さえるべきものを選出しました。

これらの指標が持つ意味を理解すれば、財務会計に関する知識は幅広いものとなり、財務諸表を分析するときの「本質をえぐる力」は深く、鋭いものになります。

1．営業利益率

売上高に対して営業利益の割合がどのくらいあるのかを表す経営指標です。営業利益は本業でどれだけ稼げているのかを表すものなので、営業利益率は本業での収益力といっても過言ではありません。％で表示されるため、規模が異なる企業間の比較をすることができます。

2．売上高

本業で提供する商品やサービスの対価の総合計金額を表す経営指標です。損益計算書の一番上に書かれる数字なので「トップライン」ともいわれます。会社の規模や市場シェアを測るために使われます。良くも悪くも目立つ数字なので、企業外部からも内部からも注目度が高い指標です。

3．セグメント利益

事業別の利益の金額を表す経営指標です。複数の事業を営んでいる企業にとっては、どの事業が儲けの牽引役になっているのか、どの事業が足を引っ張っているのか、などを示してくれるため、経営の意思決定に役立つ指標といえます。

4. 自己資本比率

企業の財務的な安全性を測る経営指標です。高ければ高いほど倒産リスクが低いといえますが、逆に、あまりに高すぎると経営において保守的になりすぎている（リスクをとらなすぎ）という側面があるともいえます。

5. 棚卸資産回転期間

材料や商品などの棚卸資産を仕入れてから、顧客に販売するまでの平均期間を表す経営指標です。あまりに長すぎると資金が在庫として寝てしまうため、資金繰りが悪化します。しかし、あまりに短すぎると在庫切れによる販売の機会損失を生じさせる恐れがあるため、適度なバランスが必要な指標です。

6. のれん

M&Aの際、買収価格が被買収企業（買収される企業）の純資産を上回る場合の、その差額を指します。貸借対照表の資産の部に計上されます。帳簿価額よりも高い価格で買収すると生じるものなので、被買収企業の潜在的な企業価値を表すといわれます。

7. 当期純利益率

売上高に対して当期純利益（連結の場合は「親会社株主に帰属する当期純利益」）の割合がどのくらいなのかを表す経営指標です。当期純利益はすべてのコストを差し引いた後の最終的な儲けを表すため、この指標の数値が高ければ、少ないコストで収益を生み出している収益力の高い会社といえます。

8. 総資産回転率

保有する資産総額に対してどのくらいの売上高を獲得したのかを表す経営指標です。会社は保有する資産を運用することで売上を獲得するため、この回転率がよいということは、効率的に資産を活用しているといえます。「総資本回転率」とも呼ばれます。「総資産」は貸借対照表の左側の資産を指し、「総資本」は貸借対照表の右側の負債と純資産の合計です。どちらを分母にするかの違いだけで、計算結果は同じです。

9. 自己資本利益率（ROE）

自己資本に対する当期純利益（連結の場合は「親会社株主に帰属する当期純利益」）の割合がどのくらいなのかを表す経営指標です。株主が出資したお金が効率的に利益に結びついているかどうかを見るためのもので、近年、注目を浴びているメジャーな指標といえます。

10．１人当たり売上高

従業員１人当たりがどれだけ売上をあげているのかを表す経営指標です。従業員を効率的に活用しているか、無駄な人件費が発生していないかどうかを見ることができます。

11．フリー・キャッシュ・フロー

キャッシュ・フロー計算書から算出される経営指標で、営業活動によるキャッシュ・フローと投資活動によるキャッシュ・フローを合計した金額です。通常は投資活動によるキャッシュ・フローはマイナスであるため、営業活動で獲得したキャッシュのうち、投資に回してもなお余るキャッシュの金額といえます。

12．売上高広告宣伝費比率

売上高に対する広告宣伝費の割合を表す経営指標です。特にＢtoＣビジネスにおいては、顧客認知度を高めるために広告宣伝費が必要となりますが、広告宣伝の効果がきちんと売上に結びついているのかを測る指標となります。

これで準備体操は終了です。前置きが長くなりましたが、いよいよ本編の始まりです。リラックスし、そして楽しみながら読み進めてください。

ト運輸

VS

川急便

第1章 儲かっているのはどっち？

営業利益率

ヤマト運輸 vs 佐川急便

運輸業界の雄、ヤマト運輸と佐川急便。
「モノを運ぶ」。業務内容はいたってシンプル。
けれど決算書には、
会社の戦略がくっきりと表れている。
数を追うか、質を追うか。
儲かるのはどっちだ？

楽天市場やアマゾンなど、ネット通販で買い物することが日常的になった現代において、宅配業は必要不可欠なインフラ産業です。

そこで、宅配業大手のヤマト運輸と佐川急便を比較します。それぞれの会社を傘下に持つ持株会社（上場会社）のヤマトホールディングスとSGホールディングスを対象とし、営業利益率で比較します。

営業利益率
ヤマトホールディングス　3・6％
SGホールディングス　6・3％

営業利益率（％）＝営業利益÷売上高×100

※ヤマトホールディングスとSGホールディングスは、売上高のことを「営業収益」と表示しているため、「営業利益÷営業収益」で計算しています。

営業利益率とは、売上高に対する営業利益の割合です。高ければ高いほど会社の本業での稼ぐ力が高いことを意味します。

２社の決算書を比較！

2018年4月1日～2019年3月31日
単位：百万円

	ヤマト ホールディングス	SG ホールディングス
営業収益	1,625,315	1,118,094
営業原価	1,513,988	1,001,745
営業総利益	111,327	116,348
販売費及び一般管理費	52,981	45,988
営業利益	58,345	70,359
営業外収益	2,367	6,962
営業外費用	6,453	2,555
経常利益	54,259	74,766
特別利益	1,822	145
特別損失	3,823	757
税金等調整前当期純利益	52,258	74,154
法人税等	26,308	22,775
当期純利益	25,949	51,379
非支配株主に帰属する当期純利益	267	7,913
親会社株主に帰属する当期純利益	25,682	43,465

営業利益率とは？

$$営業利益率（\%）= \frac{営業利益}{売上高}$$

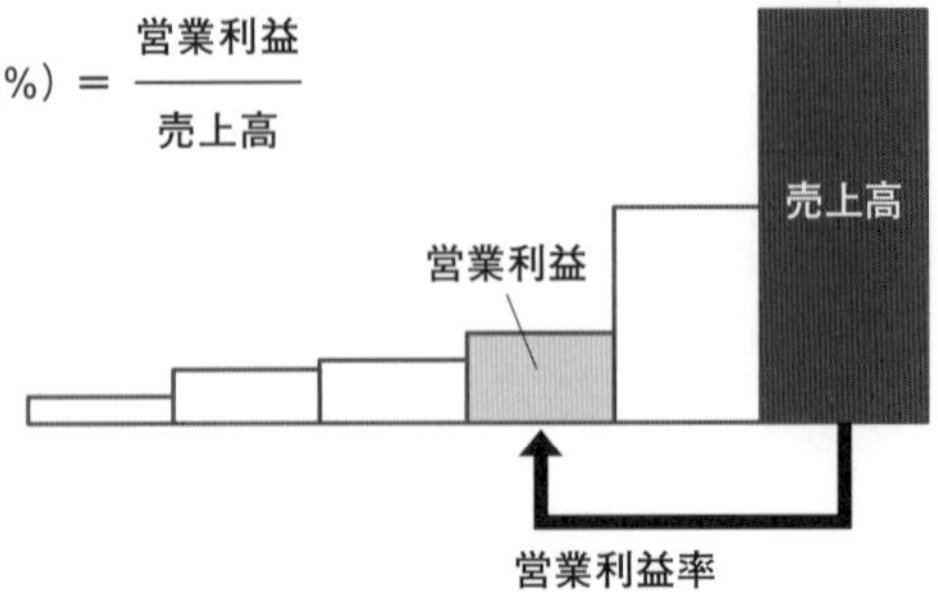

業種により異なりますが、おおむね**4～5％（日本の上場企業の全業種平均）がひとつの目安**となります。

ヤマトホールディングスの営業利益率が**3・6％**であるのに対して、SGホールディングスは**6・3％**と大きくリードしています。

したがって、稼ぐ力はSGホールディングスのほうが上です。

しかし営業収益（売上高）では、ヤマトホールディングスが**1兆6000億円**なのに対して、SGホールディングスは**1兆1000億円**。ヤマトホールディングスのほうが1・5倍ほどの売上高です。

ヤマトホールディングスは、ネット通販による旺盛な宅配需要をとり込み、

売上高はヤマトが勝ち続けている（2社の売上高の推移）

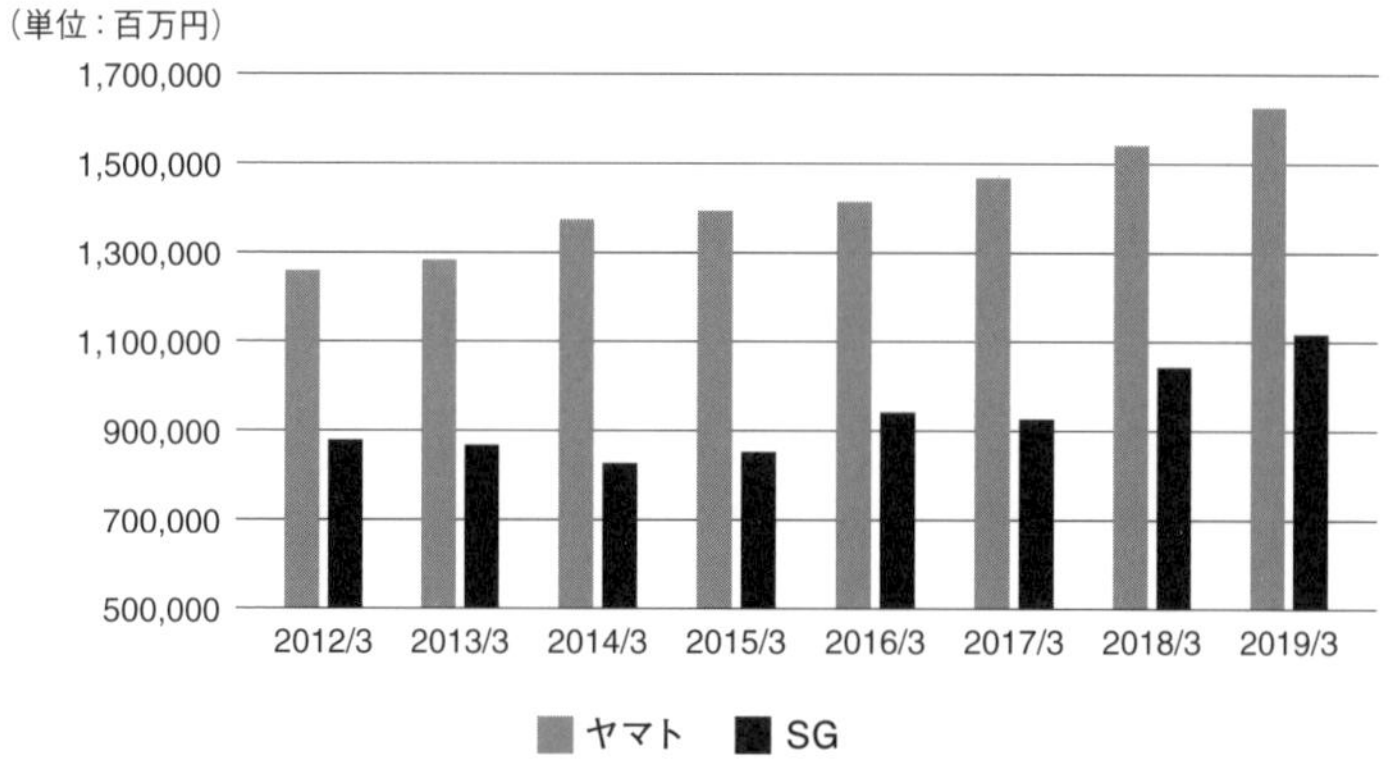

売上を拡大していきました。

これに対してSGホールディングスの売上高の伸びはそれほどでもありません。上図を見てください。２０１４年や２０１７年３月期は、売上高が前年に比べ若干減少しているぐらいです。

ヤマトの営業利益率はなぜ低いのか？

このように、ヤマトホールディングスは企業規模が大きい会社で、今や売上高は業界ナンバーワンです。であるにもかかわらず、稼ぐ力（営業利益）が低いのはなぜでしょうか。

そもそも宅配業は、一定規模の宅配

たくさん運べば、それだけ儲かる

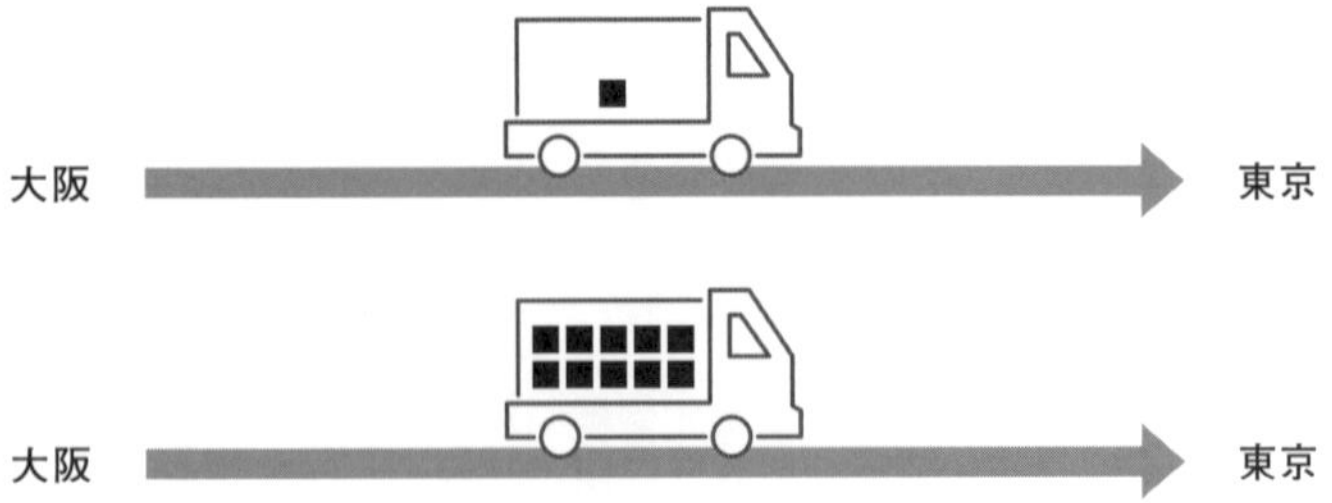

荷物を10個まとめて運べば売上は10倍だが、
コストは10倍にはならない

個数を請け負わないことには、配送効率が悪くなるため、利益が出にくいビジネスです。

例えば、大阪から東京までの荷物の配送をイメージすればわかりやすいでしょう。

1個の荷物を運ぶのと10個の荷物をまとめて運ぶのとでは、売上は10倍違いますが、配送に要するコストはほぼ同じです。

そのため、多くの顧客から宅配の依頼を受ける大規模な宅配業者のほうがスケールメリットを享受できるため、利益は出やすくなります。

実は、**2013年3月期までは、ヤマトホールディングスのほうが営業利益率は高かった**のです。

2社の営業利益率の推移

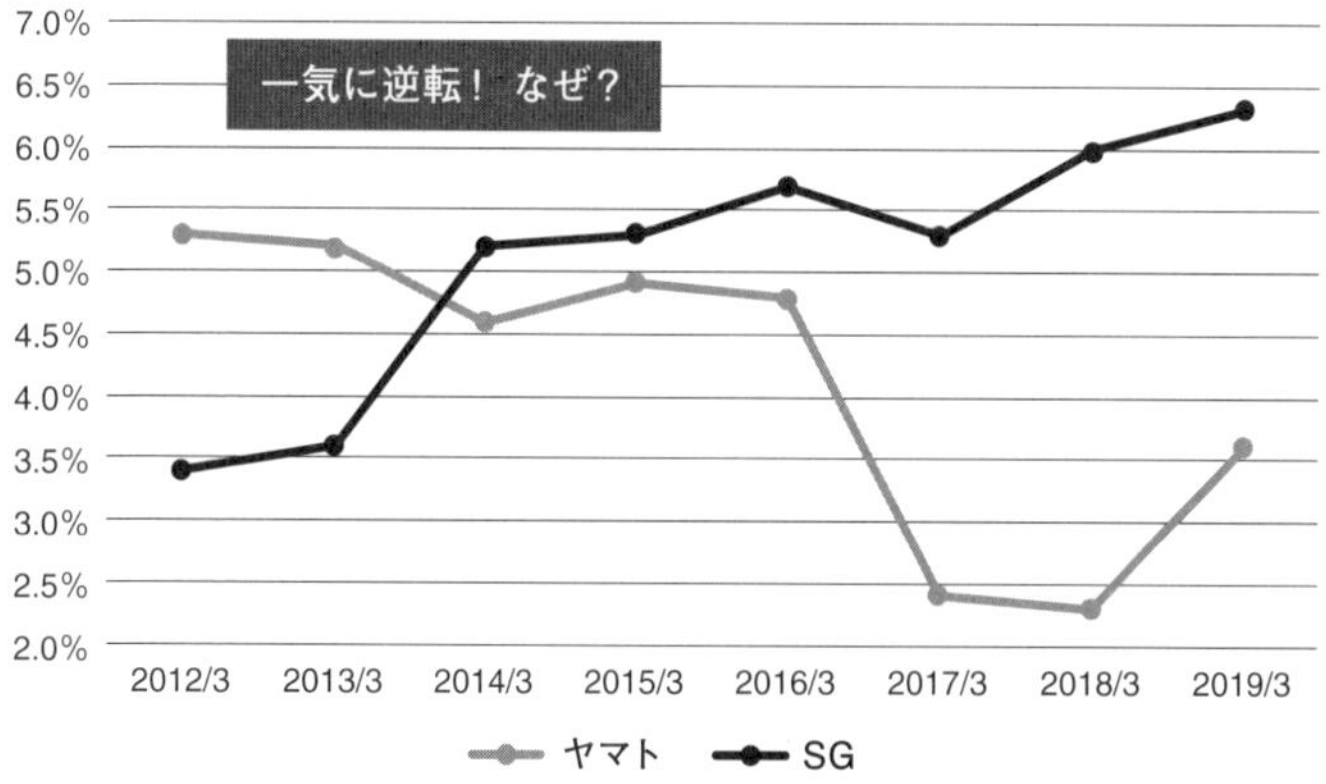

ところがその後、ＳＧホールディングスが右肩上がりで営業利益率を伸ばし、あっという間に逆転しました。右肩下がりのヤマトホールディングスとは対照的です。直近の２０１９年３月期は、宅配料金の値上げでやや持ち直したものの、ＳＧホールディングスには遠く及びません。

ＳＧホールディングスによる営業利益率の逆転劇は、**業界の常識とは逆張りの戦略の結果**といえます。

「規模を追い求めることで利益を増やす」という宅配業における常套手段をとらず、配送単価の見直しとそれに伴う顧客の選別をすることで、稼ぐ力を高めていったのです。

具体的には、アマゾンからの撤退が

最も大きな要因です。

佐川がアマゾンから撤退した「合理的」な理由

アマゾンで買い物をするのは個人客が中心です。個人宅への宅配は、不在時の再配達などが一定割合で発生してしまうため、非常に手間がかかります。特に近年は、核家族化、共働き世帯の増加により、日中の不在割合も増加しています。手間がかかれば、人件費も余分に発生してしまいます。

アマゾンからの配送依頼は圧倒的な数です。宅配業者にとってアマゾンはたくさんの仕事をくれる上顧客といえます。上顧客からの要求をむげに断れないのは世の常。手間がかかるとしても宅配料金はなかなか上げられず、逆に、**圧倒的な依頼数量を交渉材料に、宅配料金の値下げを迫られてしまう**のです。

SGホールディングスは、宅配料金の折り合いがつかなかったため、アマゾンとの取引を解消しました。巨額の売上をあえて手放したのです。苦渋の決断だったと思いますが、この勇気ある意思決定が営業利益率を伸ばすきっかけになりました。

アマゾンからの撤退は2013年。ちょうど両社の営業利益率が逆転した時期と重

2社の営業利益の推移

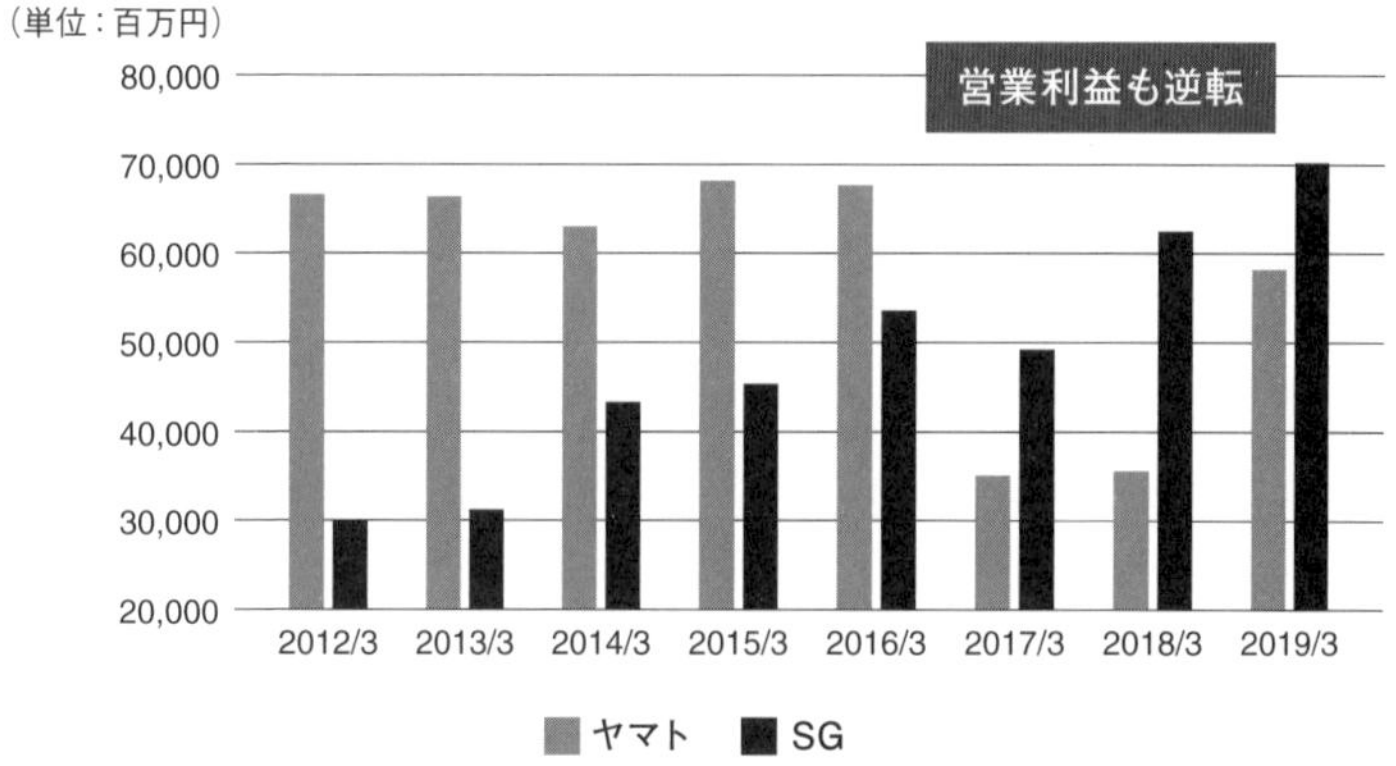

なります。SGホールディングスは効率がいい企業間配送に注力し、営業利益率を伸ばしていったのです。上図を見てください。

一方、ヤマトホールディングスは、SGホールディングスのアマゾン撤退の受け皿となり、売上が飛躍的に拡大していきました。ところが、ヤマトホールディングスは自社の宅配ドライバーだけでは大量の荷物をさばききれず、外部の運送業者に再委託せざるを得ない状況に陥りました。

外部業者に委託すると、外部業者のマージン（儲け）が乗った配送料を請求されるため、自前の配送より余計にコストがかかり、利益が圧迫されます。さらに、従業員への未払い残業問題や、引っ越しサービスでの水増し請求問題など、コンプライアンス上の問題が次々に明るみに出ました。

過度な業務受け入れで現場の負担が増大し、業績が落ち込み、そして、業績回復のプレッシャーで不正に手を染めるという、負のスパイラルにはまってしまったのです。

今や営業利益率だけでなく、営業利益の金額もＳＧホールディングスがヤマトホールディングスを上回っています（ヤマトホールディングス：５８３億円、ＳＧホールディングス：７０４億円）。

原価の大部分は人件費だった

ここ数年、政府による賃上げ要請や、国が定める最低賃金の上昇により、企業の人件費負担は年々重くなってきています。日本国内の労働力不足も相まって、この傾向はおそらく今後も続いていくでしょう。

宅配業は、トラックに荷物を積み込み、ドライバーが目的地まで荷物を届けるという、典型的な労働集約型ビジネスです。コスト構造としては、人件費が原価の大部分を占めているので、賃上げの影響をまともに受けてしまう業種なのです。

人件費で大きな差がついている

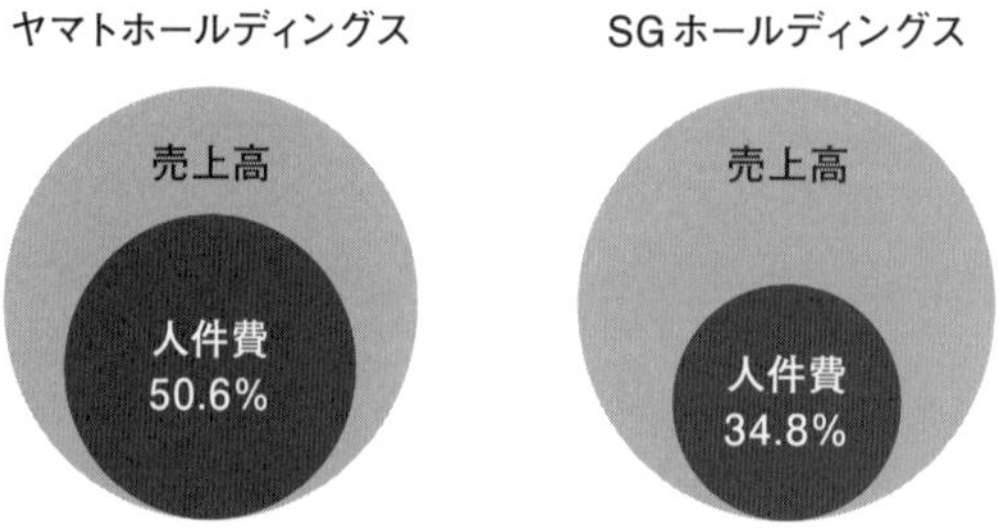

ヤマトホールディングスのほうが、賃上げによる影響を受けやすいコスト構造になっている

　両社の人件費を見てみましょう。ヤマトホールディングスは８２１７億円で、ＳＧホールディングスは３８８９億円です。

　さらに深掘りして、売上高に対する人件費の割合を見ると、ヤマトホールディングスは50・6％ですが、ＳＧホールディングスは34・8％に抑えられています。

　今後、宅配業であるヤマトホールディングスとＳＧホールディングスには、どちらも賃上げによるコスト負担が重くのしかかります。コスト負担がより厳しくなるのは、人件費の割合が高いヤマトホールディングスのほうです。

　人件費が増えれば、売上（営業）原価全体が増加し、その分、営業利益が

宅配業ビジネスの特徴

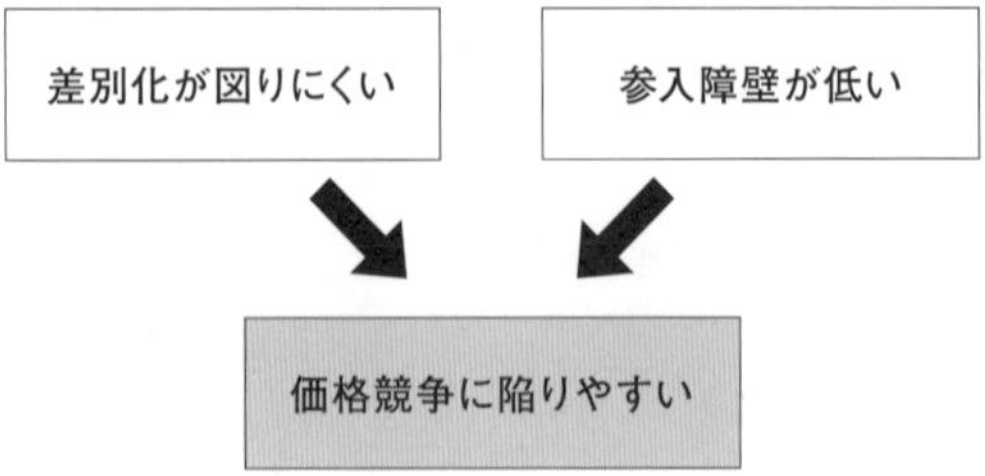
差別化が図りにくい
参入障壁が低い
価格競争に陥りやすい

削られ、ますます営業利益率は低くなってしまうでしょう。

もちろん、賃上げによるコスト増を宅配料金の値上げとして価格転嫁できれば、営業利益率の低下は避けられます。では、実際に価格転嫁できるかというと、それはなかなかできないのが宅配業の難しいところです。

その理由は、**宅配業のビジネスモデル**にあります。

生き残りのカギは、コストコントロール

宅配業は、差別化を図りにくい業種です。宅急便、飛脚宅配便、ゆうパッ

クなど、どのサービスでも荷物を指定の住所に指定された日に届けるという業務に違いはありません。さらにトラック1台あれば誰でも始めることができるという、参入障壁が極めて低いビジネスです。

差別化が図りにくく、かつ、参入障壁が低いビジネスは、価格競争に陥る傾向にあります。価格でしか他社との違いを出せないからです。

企業でも個人でも、荷物を運ぶための費用は安ければ安いほどいいと考えます。だから、宅配業者としては値上げには慎重にならざるを得ません。

宅配業はもともと利益率が低くなる傾向にあるビジネスなので、**緻密なコストコントロールが経営の優劣を左右します。**事業規模が小さいうちは配送効率の面でスケールメリットが利くので、ひたすら規模を追い求める戦略が有効でした。

しかし、ヤマトホールディングスやSGホールディングスぐらいの企業規模になると、いかにコストを抑えて利益を残せるかという「営業利益率」が、企業価値を左右する重要な指標となります。

Point

コストコントロールが「儲け」を決める

電通

VS

博報堂

第2章

売上が大きいのはどっち？

売上高

電通 vs 博報堂

広告代理店の大手、電通と博報堂。
テレビ、新聞、インターネットなど、
あらゆるメディアの広告を掌握するが、
そのビジネスモデルに死角はないのか。
売上高を切り口に、巨大化する両社の行く末を占う。

テレビ、新聞、インターネット、電車、バスなど、日々いたるところで広告を目にします。もはや広告を目にしない日はありません。

その作り手といえる広告代理店の電通と博報堂を比較分析してみましょう。

ここでは、電通の連結財務諸表と、博報堂を傘下に持つ持株会社の博報堂ＤＹホールディングスの連結財務諸表を分析対象とします。

売上高
電通　１兆１８５億円　※電通は売上高のことを「収益」と表示
博報堂ＤＹホールディングス　１兆４４５６億円

博報堂のほうが、売上が大きい？

電通が**１兆１８５億円**なのに対して、博報堂ＤＹホールディングスはそれを上回る**１兆４４５６億円**の売上高です。博報堂ＤＹホールディングスのほうが、売上シェアが大きいように見えますが、実は違うのです。

博報堂ＤＹホールディングスは日本の会計基準（日本基準）に基づいて連結財務諸

2社の決算書を比較！

単位：百万円

電通 2018年1月1日～ 2018年12月31日 （IFRS）		博報堂DY ホールディングス 2018年4月1日～ 2019年3月31日 （日本基準）	
収益	1,018,512	売上高	1,445,614
原価	85,831	売上原価	1,120,698
売上総利益	932,680	売上総利益	324,916
販売費及び一般管理費	820,058	販売費及び一般管理費	259,523
その他収益	11,168		
その他費用	12,151		
営業利益	111,638	営業利益	65,392
持分法による投資利益	2,699	営業外収益	4,175
関連会社株式売却益	52,127	営業外費用	758
金融損益及び税金控除前利益	166,465	経常利益	68,809
金融収益	6,839	特別利益	21,848
金融費用	24,553	特別損失	4,792
税引前利益	148,751	税金等調整前当期純利益	85,866
法人所得税費用	51,250	法人税等合計	30,780
当期利益	97,501	当期純利益	55,085
非支配株主に帰属する当期純利益	7,185	非支配株主に帰属する当期純利益	7,677
親会社株主に帰属する当期純利益	90,316	親会社株主に帰属する当期純利益	47,408

IFRSと日本基準の計算方式の違い

	IFRS（純額表示）	日本基準（総額表示）
売上高	200	1,200
売上原価	0	1,000
売上総利益	200	200
特徴	広告代理店が受けとるマージンのみが売上になる	売上と売上原価が総額で表示される

利益の金額は変わらない

表を作成していますが、電通は国際財務報告基準（ＩＦＲＳ）に基づいて作成しているのです。この違いが両社の売上高の比較に歪みを生じさせています。

日本の証券市場では、３つの会計基準が併存しています。**日本基準、米国会計基準、ＩＦＲＳの３つ**です。

ものさし（会計基準）が３種類あるので、２社を比較する場合、同じものさしで分析しなければ意味がありません。

したがって、電通と博報堂ＤＹホールディングスのように、かたやＩＦＲＳ、かたや日本基準の場合、どちらかに合わせる必要があります。

ＩＦＲＳと日本基準の違いは多々あ

りますが、広告代理店や商社、百貨店などの業種でいえば、売上高の**「純額表示」**と**「総額表示」**が最も大きな差異です。

例えば、広告代理店がテレビＣＭの枠を１０００万円で仕入れ、それを１２００万円で広告主に販売した場合で考えてみましょう。

日本基準では、売上高１２００万円、売上原価１０００万円とし、差し引き２００万円が売上総利益として表示されます。ところが**ＩＦＲＳでは、１２００万円から１０００万円を差し引いた２００万円が売上高として表示**されるのです。

このように日本基準では総額表示、ＩＦＲＳでは純額表示になるので、「売上高」の意味が異なります。ここでは、電通の売上高を日本基準（総額表示）に置き直して、両社を比較します（電通は有価証券報告書に、日本基準に基づく売上高の金額を自主的に開示しています）。

日本基準での売上高
電通　５兆３５７２億円
博報堂ＤＹホールディングス　１兆４４５６億円

正確にいえば、博報堂ＤＹホールディングスの海外子会社の一部はＩＦＲＳを適用しており、博報堂ＤＹホールディングスの売上高はすべてが日本基準での売上高ではないので、もう少し大きいはずです。正確な数字は非開示のため不明ですが、海外売上高比率は10％程度ですので、大きな違いはないでしょう。

さて、電通が博報堂ＤＹホールディングスを大きく上回る売上高であることがわかりました。やはり日本の広告代理店業界では、電通が圧倒的な強さを誇っています。

広告代理店の儲けのしくみ

広告代理店とは、メディアと広告主の間に入って、メディアから仕入れた広告枠を広告主へ販売するビジネスです。テレビＣＭであれば、「自社商品の広告を流して販促をしたいと考える企業」と「テレビ番組の制作費を賄うために広告収入を得たいテレビ局」とをマッチングさせるのが広告代理店の役割です。

端的にいえば、広告枠を右から左へ流すビジネスなので、大きな付加価値はありません。広告物の製作も広告代理店の役割ですが、出演するタレントへのギャラ、スタジオ代、映像機材費、カメラマン代など、外部に支払うコストも多額です。そのため、

広告代理店のビジネスモデル

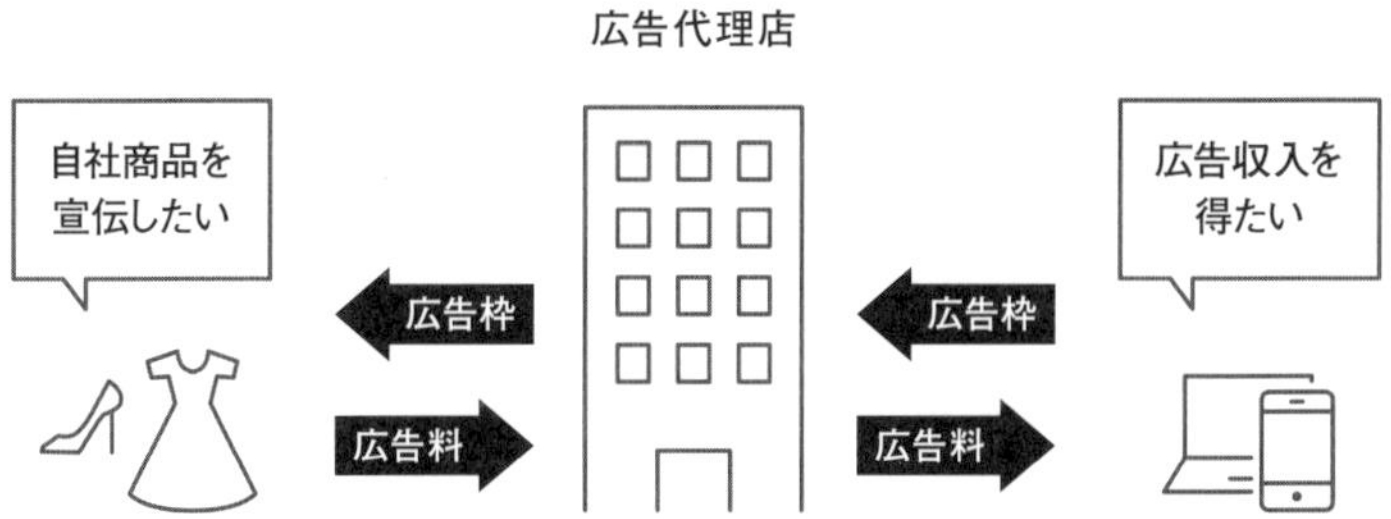

他の業種と比べて高いマージンをとりにくいビジネスといえます。

それは、粗利益率の低さが物語っています。

一般に粗利益率は、製造業なら30～40％前後、飲食業なら70％前後ですが、広告代理店は20％前後しかありません（電通の粗利益率は17・4％、博報堂DYホールディングスは22・5％）。

そのため**利益を増やすには、規模を大きくするしかありません。**

しかしながら、広告代理店の主戦場「テレビ」「ラジオ」「新聞」「雑誌」のマス4媒体はいずれも頭打ち。広告価値の大きな伸びは期待できません。今まで通りの戦略では、売上は下降の一途をたどることになってしまいます。

このようにマーケット全体が縮小しているとき、企業はどのような戦略をとるべきなのでしょうか。

まず思いつくのは既存のパイを同業他社から奪い、シェアを高める方法。しかし、同業他社も必死なので、思うようにシェアを奪えない可能性が高いです。しかも、それができたとしても膨大な時間を費やすことになります。

2社の戦略はどこが「違う」のか?

手っとり早くシェアを奪う方法は、**同業他社を丸ごと飲み込むM&A**です。

これをいち早く実行したのが博報堂です。2003年に同業の広告代理店である大広および読売広告社との経営統合で博報堂DYホールディングスを誕生させ、シェアを拡大させました。

さらに別の戦略として、**海外に活路を見出す**方法もあります。

これを実行したのが電通です。長らく自前主義をとっていた電通ですが、2013年に英国の大手広告代理店イージス・グループを巨額の資金を投じて買収しました。

それまでの電通は、売上の8割を国内で稼いでいましたが、世界80か国に拠点を持つ

マーケットが縮小しているときの企業戦略

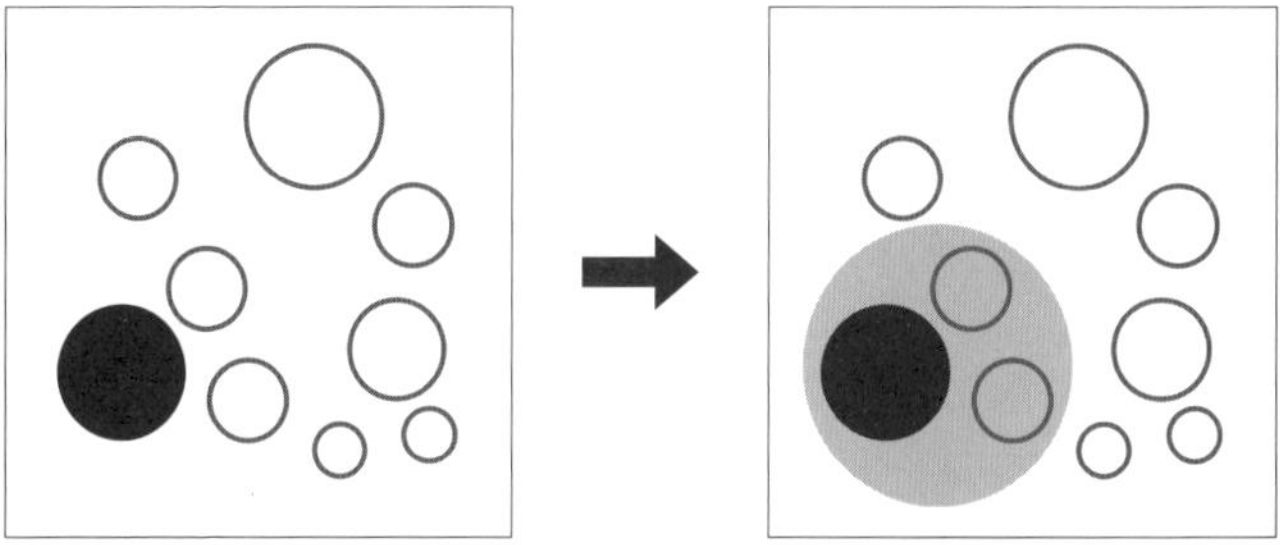

同業他社をM&Aで自社グループにとり込むことで、市場のシェアを拡大

イージスを買収することで海外売上高比率を高めることに成功しました。イージスは、経済成長が見込める新興国にも拠点を持つため、鈍化する国内市場をカバーすることに貢献するでしょう。

次ページの国内と海外の売上高の推移を見てください。電通は着実に海外売上を伸ばしています。これに対して博報堂ＤＹホールディングスは、海外はまだまだ手薄な状態です。

インターネット広告の価値

さらに別の戦略もあります。それは、マス４媒体に代わって台頭するイン

2社の「国内」と「海外」の売上推移

電通の売上高の推移

博報堂DYホールディングスの売上高の推移

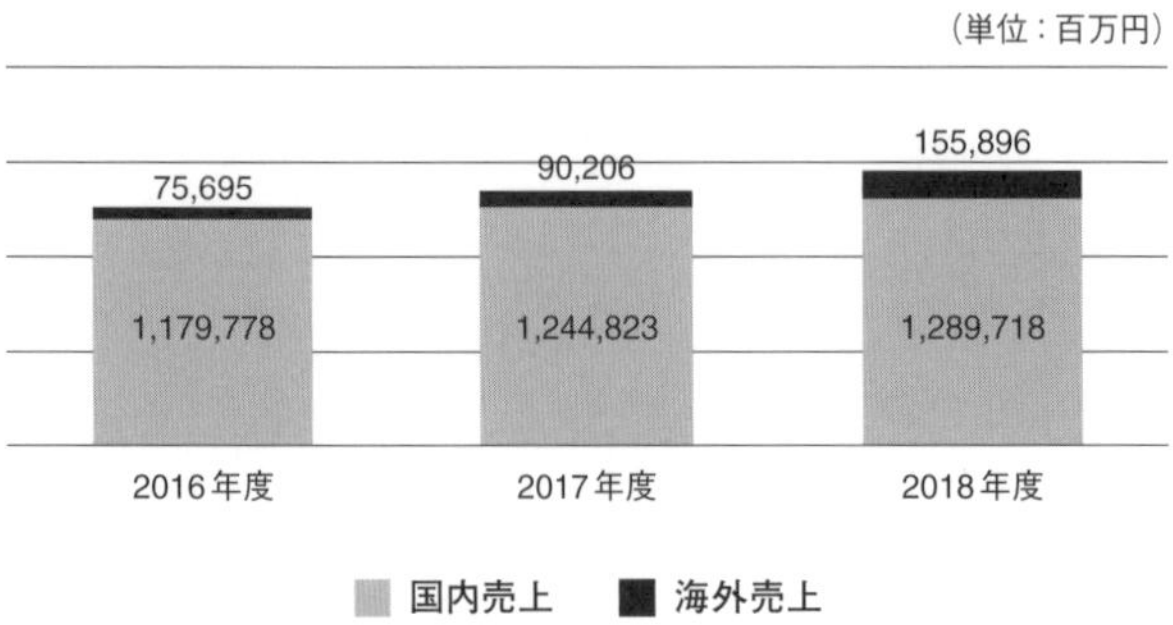

ターネット広告を攻略することです。

生活者の目が、テレビや新聞などのマスメディアからインターネットの世界に移れば、当然、インターネットの広告価値が上がります。

電通は、2018年にインターネット広告代理店のセプテーニ・ホールディングスと資本提携するだけでなく、サイバー・コミュニケーションズやVOYAGEGROUPなどを次々に傘下に収め、広告媒体のラインナップを増やしています。

博報堂DYホールディングスも負けてはいません。2018年にインターネット広告代理店であるD・A・コンソーシアムホールディングスを完全子会社にしました。

次ページのグラフを見てください。媒体別の売上高の内訳を見てみると、電通、博報堂DYホールディングスともに、テレビがいまだにトップです。

しかし、毎年徐々にテレビの売上割合が低下しています。それを補うようにインターネット広告の売上を積み上げています。

広告代理店はこれからどうなる？

インターネット広告売上の割合は、博報堂DYホールディングスが16％と、電通の

インターネット広告の割合が高まっている

電通の売上高の内訳

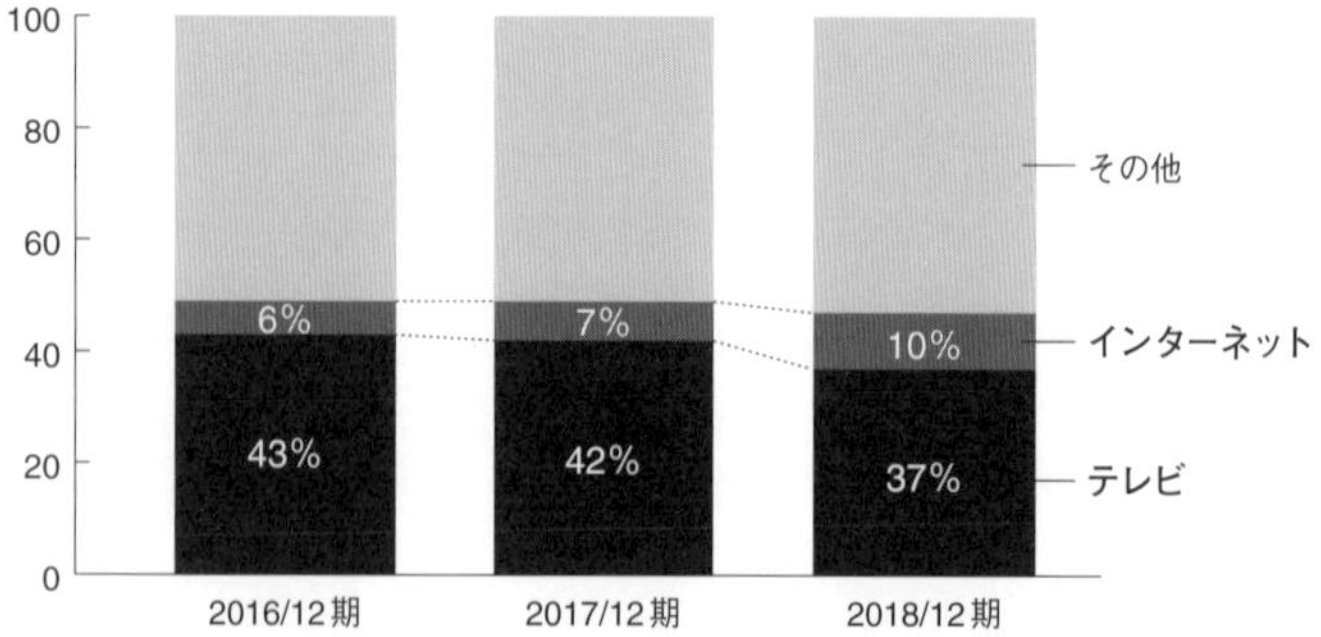

※国内売上の媒体別内訳（決算説明会資料をもとに作成）

博報堂DYホールディングスの売上高の内訳

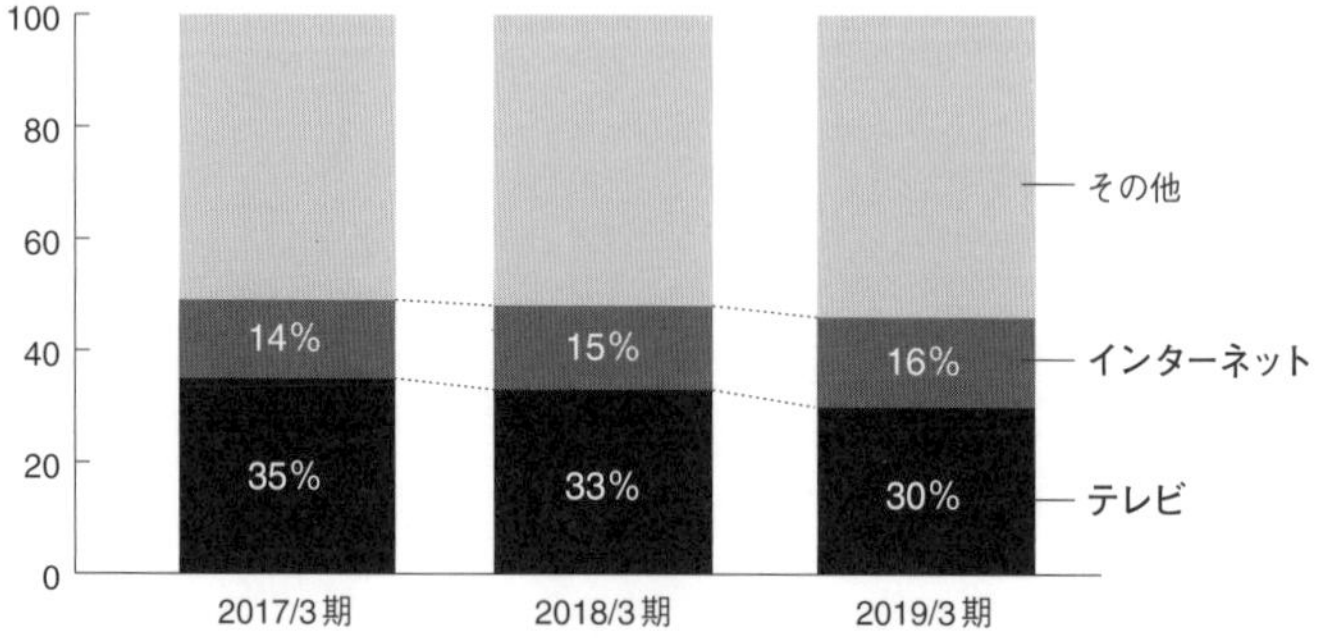

※連結売上の媒体別内訳（決算説明会資料をもとに作成）

10％を上回っています。金額ベースで見ても、博報堂ＤＹホールディングスが２３３５億円に対して、電通は１９１８億円です。

電通は、海外を含めた媒体別売上割合を開示していないため、国内売上のみを対象とした大まかな比較でしかありません。しかし、少なくとも国内におけるインターネット広告では、博報堂ＤＹホールディングスのほうがシェアを握っているように見えます。これからの動向に注目です。

広告代理店がＭ＆Ａでさかんに会社の規模を大きくするのは、ある意味必然といえるでしょう。それは単にシェア拡大による利益向上だけでなく、市場のシェアを上げることによって、自社の存在感を高め、メディア会社・広告主双方からの信頼を高めることにもつながるからです。今後も広告代理店業界は、Ｍ＆Ａによって大手に集約されていくことが予想されます。

Point

シェア拡大の道はひとつにあらず

テレビ

VS

テレビ

第3章

本業で儲かっているのはどっち？

セグメント利益

フジテレビ vs 日本テレビ

テレビ業界の新旧視聴率トップ、フジと日テレ。
華やかな印象とは裏腹に、
テレビ離れの逆風にあがく姿が決算書から読みとれる。
果たして突破口はあるのか？
この苦境を乗り越えるのはどっちだ？

熾烈な視聴率争いが繰り広げられているテレビ業界。直近では、日本テレビが視聴率ナンバーワンで、なんと5年連続です。テレビ業界は日本テレビの独擅《せん》場といえる状況です。

一方、フジテレビは2004〜2010年まで7年連続で視聴率ナンバーワンでしたが、今は見る影もありません。民法キー局5社の中で第4位がすっかり定位置になってしまっています。

大手テレビ局のフジテレビと日本テレビを比較分析します。

それぞれの会社を傘下に持つ持株会社（上場会社）のフジ・メディア・ホールディングスと日本テレビホールディングスの連結財務諸表を分析対象とします。

セグメント利益の「使い方」とは？

両社とも複数の事業を営んでおり、連結損益計算書には、そのすべての数字が表れます。**テレビによる利益で比較したい場合、連結損益計算書だけ眺めていても何もわかりません。**

そんなときに役立つのが、有価証券報告書に記載されているセグメント情報です。

2社の決算書を比較！

2018年4月1日〜2019年3月31日
単位：百万円

	フジ・メディア・ホールディングス	日本テレビホールディングス
売上高	669,230	424,945
売上原価	471,411	277,740
売上総利益	197,819	147,204
販売費及び一般管理費	163,109	97,454
営業利益	34,709	49,749
営業外収益	9,137	8,599
営業外費用	1,872	950
経常利益	41,975	57,398
特別利益	2,433	1,384
特別損失	8,052	3,096
税金等調整前当期純利益	36,355	55,685
法人税等	10,698	17,036
当期純利益	25,656	38,649
非支配株主に帰属する当期純利益	2,029	−89
親会社株主に帰属する当期純利益	23,627	38,739

2社の視聴率には大きな差がある

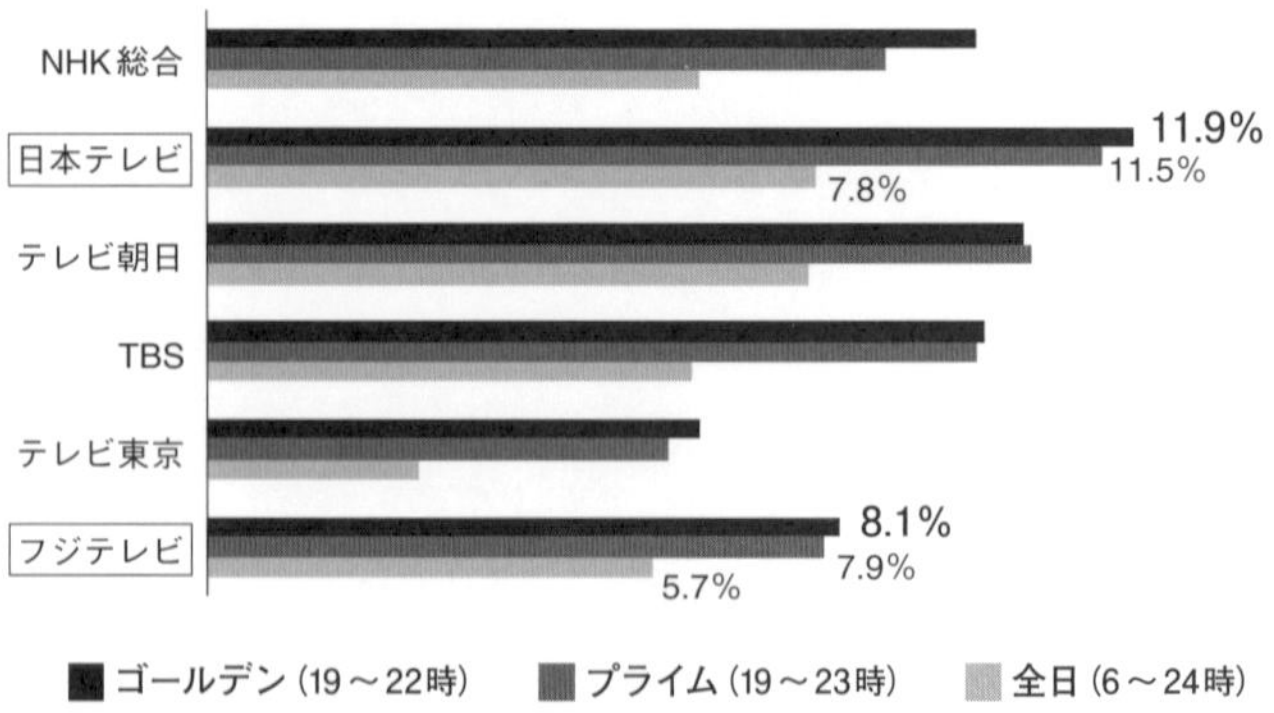

（2018年4月2日～2019年3月31日、ビデオリサーチ調べ）

それによれば、フジ・メディア・ホールディングスは、「メディア・コンテンツ事業」と「都市開発・観光事業」の2種類の事業を営んでおり、テレビは「メディア・コンテンツ事業」に属しています。

そして日本テレビホールディングスは「メディア・コンテンツ事業」「生活・健康関連事業」「不動産賃貸事業」の3種類の事業を営んでいることがわかります。

テレビは「メディア・コンテンツ事業」に属します。「生活・健康関連事業」があるかないかの違いだけで、両社の事業領域はほぼ一緒です。

セグメント利益は、「セグメント情報」に表形式で掲載されています。

「セグメント情報」は財務諸表の注記事項として有価証券報告書に記載することが義務づけられているものです。

セグメント利益（メディア・コンテンツ事業）
フジ・メディア・ホールディングス　170億円
日本テレビホールディングス　461億円

両社の「メディア・コンテンツ事業」のセグメント利益を比較すると、フジ・メディア・ホールディングスが170億円であるのに対して、日本テレビホールディングスは461億円となっています。その差は**約3倍**です。

放送収入は日本テレビが圧勝している

その要因は、両社の放送収入の推移からも明白です。日本テレビが着実に放送収入を伸ばしているのに対し、フジテレビは下降の一途をたどっています。

2社の放送収入の推移

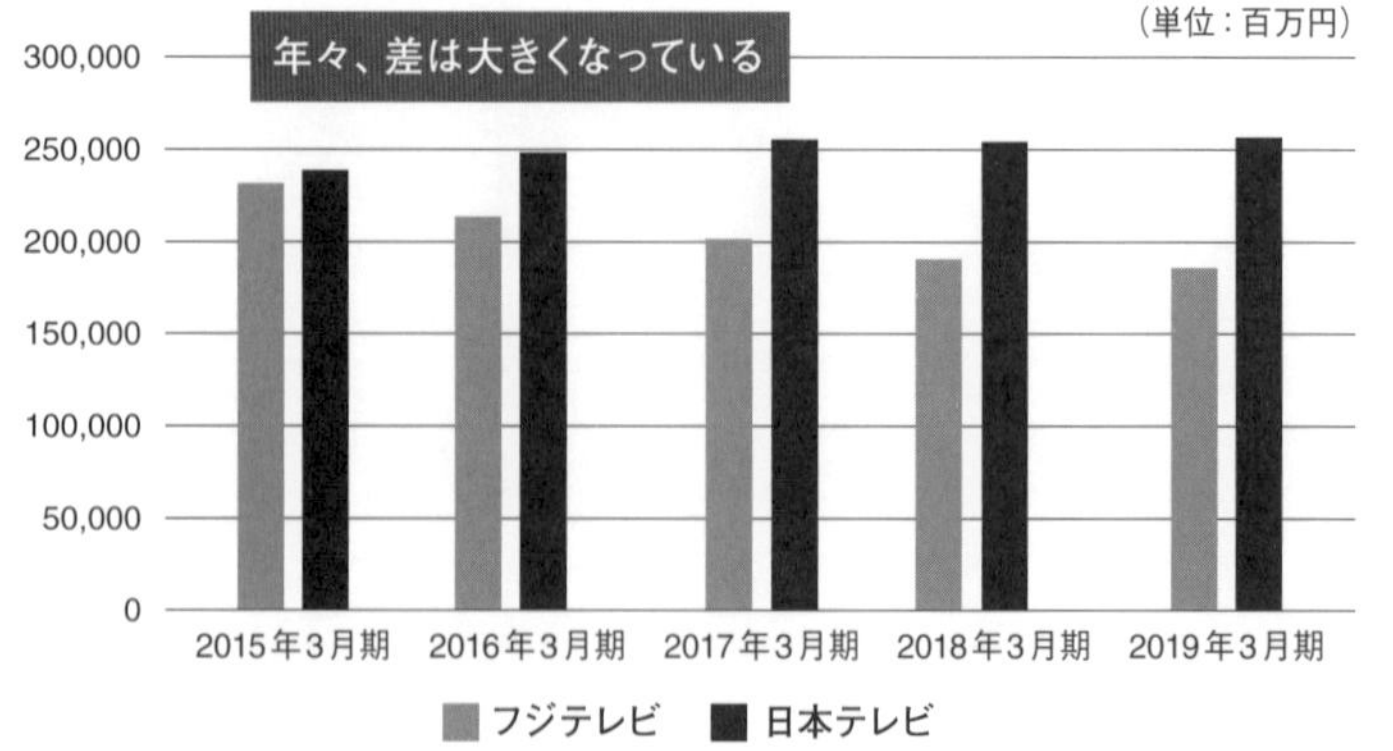

（両社の決算説明資料をもとに作成）

テレビ離れの逆風の中、日本テレビが放送収入を増やせているのは、**高視聴率による番組の広告価値の高さが反映された結果**といえます。ＣＭを流したい広告主（スポンサー企業）からすれば、5年連続で視聴率トップの日本テレビには、高いスポンサー料を払ってでもＣＭを流す価値があるのでしょう。魅力的な番組を生み出し続けた結果が日本テレビの好業績に反映されています。

これに対してフジテレビは、視聴率が伸び悩んでいるため、スポンサーからの広告収入が減っています。**収入が減れば、番組制作費を削らざるを得ません。**番組制作費を削ると番組のクオリティが低下し、さらに視聴率が伸び

2社の番組制作費の推移

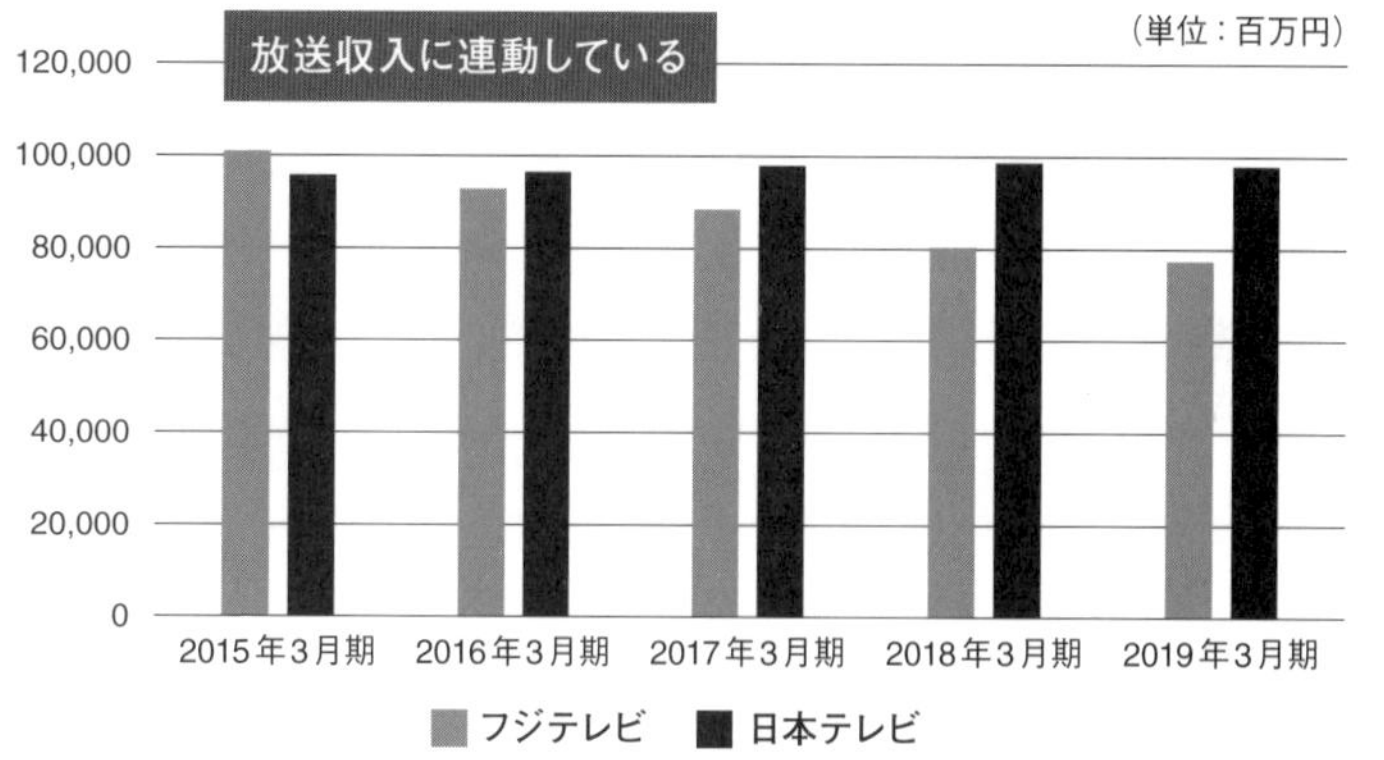

（両社の決算説明資料をもとに作成）

悩むという負のスパイラルに陥っているのが今のフジテレビです。

日本テレビとフジテレビの番組制作費の推移を見てみると、日本テレビは、毎年一定の番組制作費を維持していますが、フジテレビは年々減少しています。視聴率の高いテレビ局と低いテレビ局の差が、如実に表れています。

しかしながら、**メディア・コンテンツ事業全体の「売上高」で比較すると、フジ・メディア・ホールディングスのほうが大きい**のです。次ページの表を見てください。

フジ・メディア・ホールディングスのメディア事業には、ビーエスフジ、ニッポン放送、ポニーキャニオン、ディノス・セシールなど、地上波テレ

売上高はフジ・メディア・ホールディングスのほうが大きい

（単位：百万円）
（2019年3月期）

	フジ・メディア・ホールディングス	日本テレビホールディングス
売上高	525,954	381,391
営業利益	16,987	46,073

ビ以外の各種メディアによる売上が多数あり、それらが寄り集まってメディア・コンテンツ事業を構成しています。

メディアの総合力としては、いまだフジ・メディア・ホールディングスのほうが大きいといえます。

とはいえ、もっとも利益を生み出しやすい地上波テレビが不調なため、売上規模が大きい割には、営業利益は少額です。したがって、営業利益では日本テレビホールディングスのほうが上なのです。

さて、フジ・メディア・ホールディングスの厳しい状況が浮かび上がってきました。

ライバル企業に大きく水をあけられてしまった場合、どのような戦略をとるべきでしょうか。「地道にいいモノを作り続ける」という正攻法もあるでしょう。しかし、そんなことはこれまでも当然やってきたはず。「いっそう努力します」では何の解決にもなりません。

実は、フジ・メディア・ホールディングスの有価証券報告書を子細に見てみると、違った道を探っていることが読みとれます。

フジには「儲けの柱」が育っていた

それは、もうひとつの事業セグメント**「都市開発・観光事業」**の存在です。フジ・メディア・ホールディングスの営業利益の構成比の推移をたどってみると、「都市開発・観光事業」が大きな存在感を見せています。次ページの図を見てください。かつては、営業利益の2割程度しか占めていませんでしたが、現在は営業利益の5割以上を「都市開発・観光事業」で稼いでいるのです。

フジ・メディア・ホールディングスの都市開発・観光事業とは、都市部のオフィスビル賃貸や、リゾートホテルなどを運営するサンケイビルグループのことです。

株式会社サンケイビルは２０１２年３月期にフジ・メディア・ホールディングスの

フジ・メディア・ホールディングスの営業利益の構成比

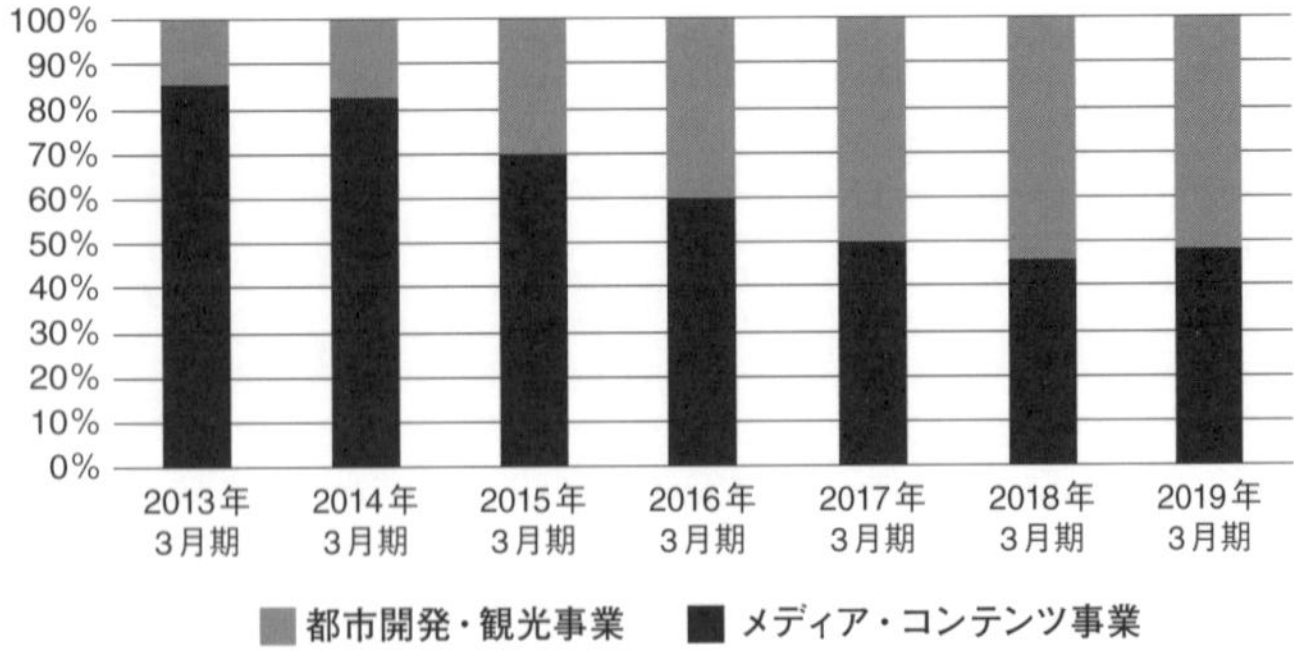

※2018年3月期以前は、「放送事業」「制作事業」「映像音楽事業」「生活情報事業」「広告事業」に分かれていたため、これらをすべて「メディア・コンテンツ事業」とみなしてグラフ化している。

（フジ・メディア・ホールディングスの2019年3月期の有価証券報告書をもとに作成）

100％子会社となりました。その後、積極的な不動産開発や、2015年のグランビスタホテル&リゾートの買収などにより、業績を順調に伸ばし、今やグループ全体の主力事業に育ったのです。

都市開発・観光事業の営業利益率は、なんと13％を超えています。これは、**日本テレビホールディングス全体の営業利益率11・7％を上回る高さ**です。

フジ・メディア・ホールディングスは、主力のメディア・コンテンツ事業にしがみつくのではなく、第2の収益の柱を育てるという**「多角化戦略」**に舵を切っているのです。

テレビ業界全体についていえば、インターネットとスマートフォンの普及により、テレビ広告市場は年々右肩下がりで縮小しています。５Ｇ時代になれば、この傾向はますます加速するでしょう。

徐々に縮小する業界にいつまでもしがみついていては、グループ全体の存続が危ぶまれます。

生き残るための多角化戦略

例えば、かつて写真フィルム業界では、デジカメ普及のあおりを受け、急速に市場全体が縮小していきました。トップ企業のコダックが、事業の転換ができずに経営破綻してしまった一方、同業の富士フイルムは、事業の多角化でヘルスケア事業を育成し、見事に生き延びています。この写真フィルム業界と同じことが、テレビ業界にも起きつつあるといえるでしょう。

テレビ業界とは違って、都市開発・観光事業は成長産業です。外国人観光客が年々増加しているだけでなく、２０２０年の東京でのオリンピック、２０２５年の大阪・関西万博の開催も控えていますので、都市開発・観光事業はますます潤うでしょう。

目まぐるしく経済環境が移り変わるこれからの時代、**生き残るのは強い企業ではな**

セグメント別の営業利益

（単位：百万円）
（2019年3月期）

	フジ・メディア・ホールディングス	日本テレビホールディングス
メディア・コンテンツ事業	16,987	46,073
生活・健康関連事業	—	779
都市開発・観光事業／不動産賃貸事業	18,029	3,042

第2の柱が育っている

く、**変化し続ける企業**です。

日本テレビホールディングスも視聴率ナンバーワンとはいえ、業界全体がシュリンクする中、**テレビ事業のみの一本足打法では先細り**です。

そんなことは百も承知でしょう。だからこそ、全く異業種のスポーツクラブ「ティップネス」を子会社化したり、動画配信サービス「Hulu（フールー）」の日本事業を買収したり、事業の多角化を模索しています。

しかし、ティップネスが稼ぐ利益は、まだ7億円程度しかありません。また、「Hulu」が属する定額制動画配信業界は、Amazon や Netflix など、海外の巨大企業がひしめくレッドオーシャンです。激しい過当競争が予想されるため、2本目の柱に育つかどうかはわかりません。

不動産賃貸事業も行っていますが、フジ・メディア・ホールディングスに比べると、その6分の1程度の利益しか稼げていません。

このように、セグメント別の利益を比較すると、事業の多角化に成功したフジ・メディア・ホールディングスと、事業の多角化に苦戦している日本テレビホールディングスという、別の姿が浮き彫りになります。

日本テレビホールディングスは、視聴率が好調なうちに、第2の柱となる事業を育成することが急務といえます。

Point

どの事業が「儲け」を生んでいるかを見極める

コラム1

決算のしくみ

決算とは何か。すぐ説明できますか?

決算とは、一定期間の業績や、保有している財産の明細を明らかにする手続きのことをいいます。

会社はあらかじめ、決算日というものを決めなければなりません。決算日というのは区切りの日です。

そして、区切りである決算日までの経営成績などを財務諸表にとりまとめて公表します。これが決算のしくみで、すべての企業に義務づけられています。こうすることで、会社の利害関係者は、一定期間ごとに会社の実態を知ることができるのです。

なお、一定期間の最初の日は「期首」という言い方をします。そして、一

COLUMN

定期間の最後の日は「期末」という言い方をします。期首から期末までの期間を「会計期間」といいます。

日本では、3月31日を区切りの日（決算日）とする会社が圧倒的に多いです。しかし、いつを区切りとするかは、会社設立時に任意で決めることができます。

本書で紹介する企業にも、12月31日、9月30日など、3月末以外の日を決算日にしているところがあります。中には、3月20日という月末ではない日を決算日にしている企業もあります。

ドコモ

VS

バンク

第4章 堅実なのはどっち？

自己資本比率

NTTドコモ vs ソフトバンク

通信キャリア大手の、ドコモとソフトバンク。
かつてドル箱といわれた携帯電話事業も
ここ数年の規制改革で風向きが大きく変わった。
巨額な設備投資が必要な業界だけに、
財務戦略の巧拙が問われる。
果たしてどちらの会社に軍配が上がるのか？

携帯電話は、中高生から高齢者まで1人1台が当たり前といえるほど普及し、私たちの生活にとってなくてはならない存在になりました。その携帯電話事業を運営する携帯キャリア大手のNTTドコモとソフトバンクを比較します。

対象企業はソフトバンクグループではなく、その子会社であるモバイル通信事業のソフトバンクです。

モバイル通信事業は「基地局などの設備投資」「商品在庫の管理」「回収が長期にわたるモバイル端末販売の売上債権」など、多額の資産を保有することが求められるビジネスです。また、多額の資産を賄うために調達サイドである負債と純資産も同様に多額になります。つまり、**貸借対照表の運用で儲けに大きな影響が及ぶ**のです。そのため貸借対照表から分析します。

ここでは、自己資本比率という指標を使います。

自己資本比率
NTTドコモ　73・2％
ソフトバンク　21・6％

2社の決算書を比較！

2019年3月期
単位：百万円

	NTTドコモ	ソフトバンク
現金及び現金同等物	219,963	357,971
営業債権及びその他の債権	2,128,156	1,186,904
その他	574,741	211,447
流動資産合計	2,922,859	1,756,322
有形固定資産	2,623,789	1,657,254
のれん	33,177	198,461
無形資産	608,513	1,046,010
その他	1,152,208	1,116,998
非流動資産合計	4,417,687	4,018,723
資産合計	7,340,546	5,775,045
有利子負債	－	909,944
営業債務及びその他の債務	1,058,007	817,532
その他	568,641	318,799
流動負債合計	1,626,647	2,046,275
有利子負債	50,000	2,379,497
その他	269,774	84,818
非流動負債合計	319,775	2,464,315
負債合計	1,946,422	4,510,590
資本金	949,680	204,309
資本剰余金	169,083	202,685
利益剰余金	4,160,495	893,880
その他	92,595	－53,781
当社株主（親会社の所有者）に帰属する持分合計	5,371,853	1,247,093
非支配持分	22,271	17,362
資本合計	5,394,124	1,264,455
負債及び資本合計	7,340,546	5,775,045

自己資本比率（%）＝自己資本÷資産×100

※「自己資本」に相当する金額を、ＮＴＴドコモは、「当社株主に帰属する持分」と表示しており、ソフトバンクは、「親会社の所有者に帰属する持分」と表示しているため、それぞれを「自己資本」に読み替えた上で計算しています。

自己資本比率と「儲け」の関係

自己資本比率とは、資金の調達源泉の合計額のうち、自己資本（≒純資産）の占める割合を表す指標です。比率が高ければ高いほど、財務的な安全性が高いことを意味します。金融機関など特殊な業種を除き、**30%以上がひとつの目安**となります。

自己資本比率は財務的な安全性を測る経営指標ですが、儲けを出すためには、そもそも財務基盤が安定していなければなりません。利益という形で儲けが出れば、自己資本がその分上乗せされるため、自己資本比率が高まるという好循環が生まれます。

両社の自己資本比率を比較してみると、ＮＴＴドコモが**73・2%**であるのに対し、ソフトバンクは**21・6%**しかありません。

2社の有利子負債の推移

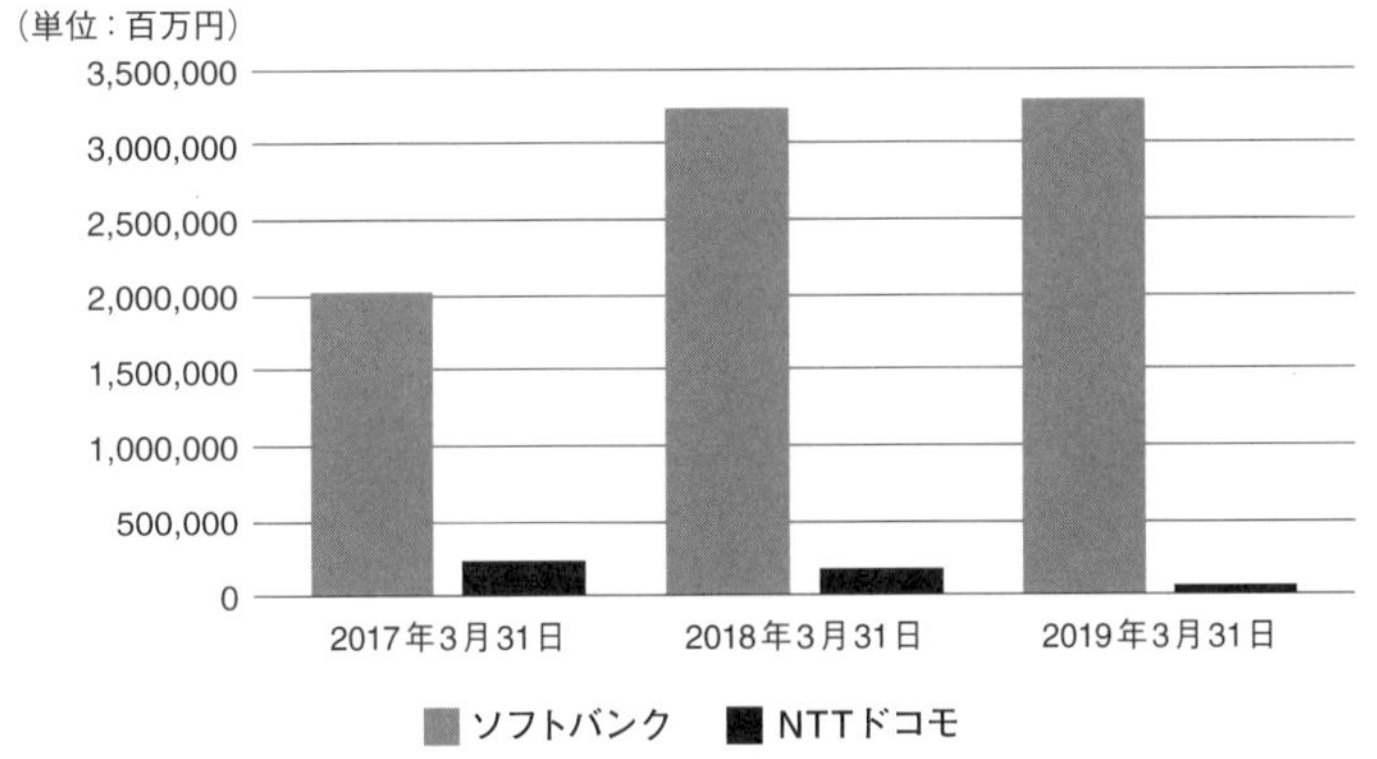

どこで「差」がついているのか？

同じ通信キャリアでありながら、なぜここまで違いが出るのでしょうか。その要因は、貸借対照表の内訳を見ることでわかってきます（両社はＩＦＲＳを適用しているため「貸借対照表」ではなく、「財政状態計算書」という名称になっています）。

１つ目の要因は、ソフトバンクの有利子負債の大きさです。有利子負債とは、銀行借入れやリース債務など、金利を伴う負債の総称です。上図を見てください。ソフトバンクは、３兆円以上もの巨額の有利子負債を抱えており、しかも年々膨らんでいます。

負債は資金の調達源泉の中でも、返済義務があるという性質を持ちます。そのため、「借入れ＝悪いもの」というイメージを持つ人もいますが、企業を経営する上では、必ずしも「悪」ではありません。

手持ちの自己資金だけで経営をしようとすると、どうしても大胆な投資ができずに、小さくまとまってしまいます。規模拡大をしたくても、**「自己資金が貯まってから」ではスピード感が出ません。**

そこで、銀行などからお金を借り、事業規模を拡大するのです。

ソフトバンクはボーダフォン日本法人の買収で、モバイル通信業界に本格参入しました。NTTドコモと比べると後発です。加入者数では圧倒的な差があるため、並のスピードでは到底追いつけません。しかも、携帯電話普及率が加速度的に伸びていた急成長期であったため、のんびりしていたらビジネスチャンスを逃します。

携帯電話事業は、毎月安定的に通信料や通話料を徴収することができる典型的なストック型のビジネスモデルです。しかも、一度契約すると基本的に継続して利用してもらえます。

そのため、未加入の利用者をいかに早く囲い込むかがこのビジネスの肝となります。モバイル通信事業は基地局建設など多額の設備投資がかかりますが、**ソフトバンクは十分に投資回収できると踏んで、積極的な借入れで多額の設備投資を行いました。**

これぞ正にレバレッジ経営です。

レバレッジとは、「てこ」が語源の経済用語です。てこの原理を使って、小さな力で大きなものを動かすように、ソフトバンクは、有利子負債（他人資本）を活用することで、元手（自己資本）の何倍もの資金運用を行いました。そうした事業拡大の結果が貸借対照表（財政状態計算書）に表れているのです。こうした負債活用度を表す指標として、「財務レバレッジ」という経営指標があります。

財務レバレッジ（倍）＝資産÷自己資本

財務レバレッジが高ければ高いほど、負債を積極活用した（レバレッジを利かせた）経営を行っていることを意味します。財務レバレッジは3倍前後になるのが一般的ですが、**攻めの経営をしている企業は4倍を超えています。**財務レバレッジが1倍なら、それは自己資本のみを元手に事業を運営しているということです。

例えば、自己資本が1000万円の会社であれば、1000万円の範囲内でしか事業に必要な投資ができません。そこで、事業のスピード感や規模感を出すには、銀行借入れなどの他人資本を活用します。仮に、銀行から1000万円を借りられれば、事業に投資できる資金が2倍の2000万円となります。このときの財務レバレッジは2倍。つまり財務レバレッジとは、元手である自己資本の何倍の資金を使っているかを意味するものなのです。

ソフトバンクは4・6倍ですので、元手（自己資本）の4・6倍の資金運用をしているというわけです。

レバレッジ経営とは？

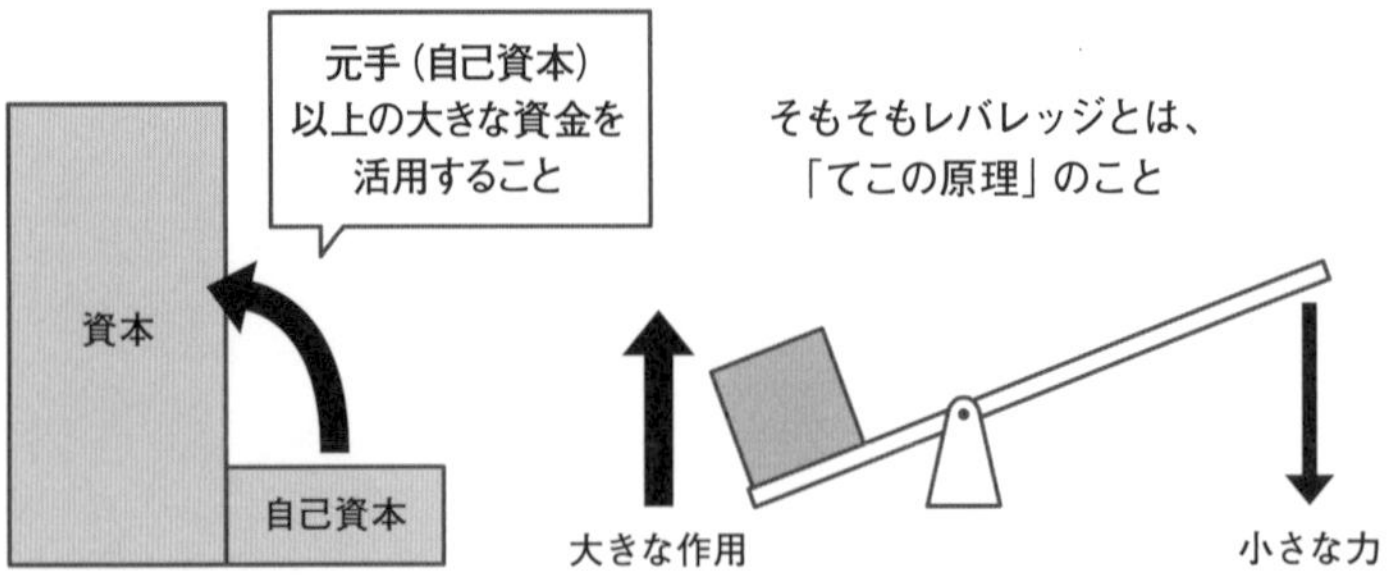
元手（自己資本）
以上の大きな資金を
活用すること
資本
自己資本
そもそもレバレッジとは、
「てこの原理」のこと
大きな作用
小さな力

負債活用でこんなに節税できる！

ただし、計算式を見ればわかる通り、財務レバレッジは自己資本比率の逆数です。**財務レバレッジが高いということは、自己資本比率が低い**ということ。負債を活用することで多額の資金を運用できるメリットがありますが、安全

他人資本（借入金、社債）を活用すべし

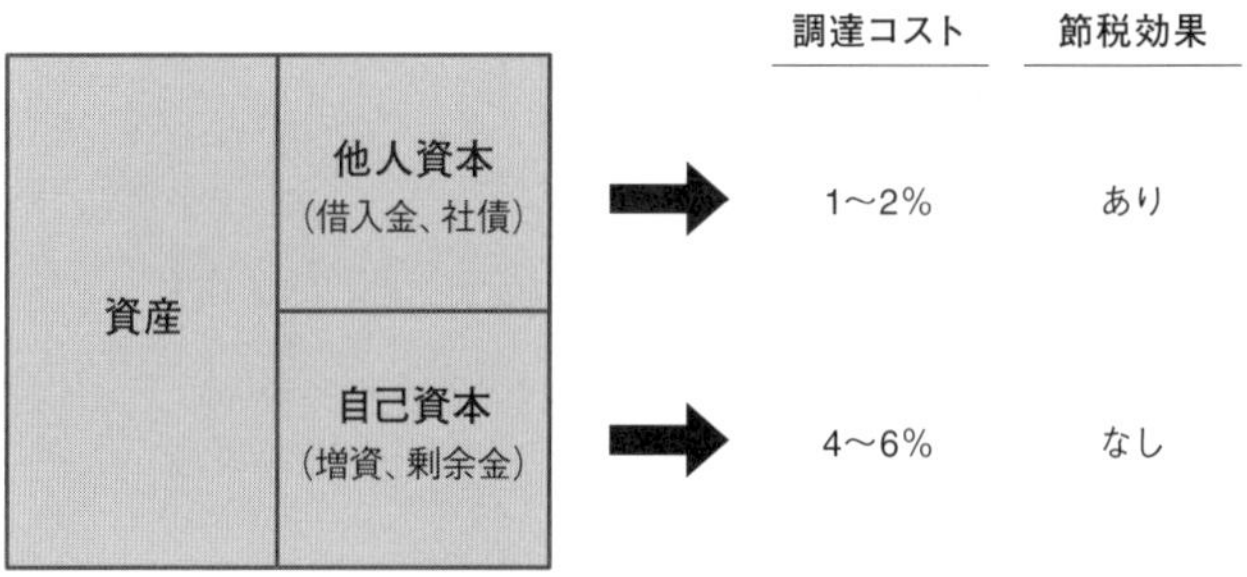

コストがかからず、節税効果もある

性を犠牲にしてしまうというデメリットもあります。まさに表裏一体の経営指標なのです。

負債の活用には別のメリットもあります。それは、**調達コストの削減**です。資金の調達手段として、自己資本（増資や剰余金）を使う方法と他人資本（借入金や社債）を使う方法の2パターンがあります。どちらも調達するのに一定のコストがかかります。他人資本の場合は、借入金利や社債利息がそれにあたります。自己資本の場合は、配当金がリアルなコストとしてイメージしやすいでしょう（実際には、株主からの期待収益率が資本コストになりますが、ファイナンスの領域に入ってしまうので、説明は割愛します）。

一般に、他人資本コストのほうが、自己資本コストよりも安上がりです。自己資本コストは業種や企業により異なりますが、4～6％程度と言われています。

これに対して他人資本コストは1～2％程度です。有価証券報告書に記載のソフトバンクの平均利率（借入利息や社債利息）も0・65～2・14％となっています。しかも、借入利息や社債利息は損益計算書上の費用であるため、節税効果があります。

実効税率（会社の儲けに応じて課される法人税、住民税、事業税の各税率に基づいた実質的な税負担率）が30％とすると、実質は0・455～1・498％しかコストがかからないことになります。

仮にソフトバンクが10億円の資金調達をする場合、増資で10億円を調達したら**4000万～6000万円のコスト**がかかりますが、銀行借入10億円を調達すれば**455万～1498万円のコスト**で済みます。このようなメリットもあるため、ソフトバンクは積極的な負債の活用を行っているのでしょう。

ドコモの「極端」な貸借対照表に迫る

続いて、「なぜNTTドコモの自己資本比率が高いのか」について考察します。

ドコモの「極端」な貸借対照表

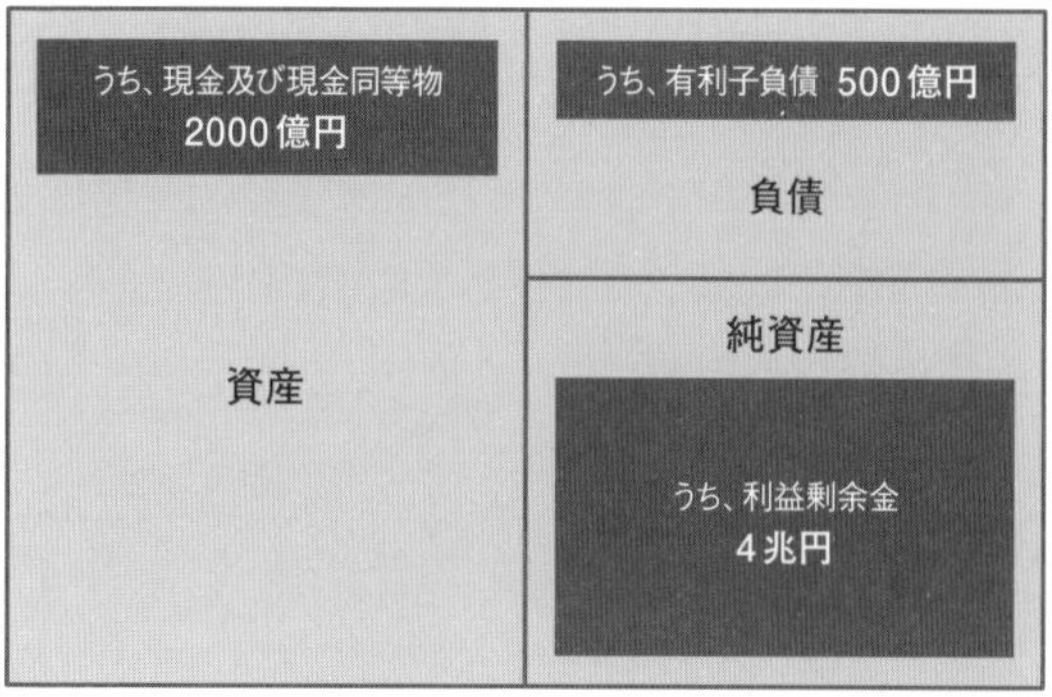

ソフトバンクと違って有利子負債はほとんどありません。長期借入債務が500億円あるだけです。保有する現預金残高が2000億円以上あるため、返そうと思えばいつでも全額返済できます。つまり**実質無借金の会社**です。

自己資本はかなりの厚みがありますが、自己資本の内訳を見てみると、利益剰余金の金額の大きさは群を抜いています。自己資本約5兆円のうち、4兆円以上を利益剰余金が占めています。これがNTTドコモの自己資本比率を高めている要因です。

利益剰余金は、過去の利益の累積金額を表しています。つまり、1991年の設立から2019年までの28年の間に、4兆円の利益を稼いでいます。

この4兆円は、株主への配当や自己株式の消却などの金額を差し引いた後の、いわゆる内部留保の金額。実際はさらに多額の利益を獲得してきたのです。

前述の通り、携帯電話事業は典型的なストック型ビジネスで、長らくドル箱のビジネスでした。携帯電話の普及に加え、iPhoneに代表されるスマートフォン人気により、成長率も高い状況でした。

キャリア別に携帯電話契約数を見た場合、NTTドコモが最大のシェアを握っていますので、その恩恵はNTTドコモがもっとも受けています。その結果が4兆円もの利益剰余金、73・2%もの自己資本比率に表れています。

盤石のドコモ、試練のソフトバンク

しかし、風向きは変わりつつあります。ナンバーポータビリティ導入によるスイッチングコストの低下、格安スマホの台頭による価格競争の激化などもあり、かつてのように稼ぎにくい環境になってしまいました。さらに、政府からの携帯電話料金値下げ圧力、端末代と通信料の分離の義務化も始まります。

そもそも、携帯電話の契約数は1億7000万を超え、日本の総人口1億2000万を大幅に超えています。会社用と個人用で携帯電話の2台持ち、「2in1」などのサブ番号の契約も含まれているため、断言できませんが、日本国内で携帯電話を持っていない人（潜在需要）は極めて少数でしょう。

携帯電話事業は、成長産業からあっという間に成熟産業に変わってしまったのです。しかし成熟したとはいえ、今後、5Gの商用利用が本格化しますので、ビジネスチャンスが増える余地は十分あります。そのチャンスをつかむためには、5Gに向けての設備投資の資金が必要になってくるでしょう。

この点、NTTドコモは自己資本比率が高く、財務レバレッジを高める余地が十分にあります。設備投資資金を充当できるだけの財務体質といえます。

これに対してソフトバンクは、すでに自己資本比率が約20％しかありませんので、財務レバレッジのこれ以上の増加は非常に高いリスクを伴います。

財務的な面で見れば、NTTドコモ有利に働くのではないでしょうか。

Point

儲けとリスクのバランスが重要

ス工業

VS

ハウス

第5章

在庫リスクが高いのはどっち？

棚卸資産回転期間

大和ハウス工業 vs 積水ハウス

ハウスメーカー業界における2強、大和ハウス工業と積水ハウス。
売上高では大和ハウス工業に
2倍近くの差をつけられている積水ハウス。
しかしなぜか、在庫金額が異常に膨らんでいる。
多額な在庫は何を意味するのか？
大和ハウス工業に追いつくことができるのか？

「住宅は一生に一度の買い物」。そんな言葉があるように、どこのハウスメーカーに依頼するかは、大切な選択といえるでしょう。

ハウスメーカー大手の大和ハウス工業と積水ハウスを比較します。どちらも大阪市北区に本社を置き、売上規模としては業界第1位と第2位の会社です。

しかし、大和ハウス工業の売上が4兆円なのに対して、積水ハウスが2兆円ですので、規模としては大和ハウス工業が圧倒的な力の差を見せつけています。

ここでは「棚卸資産回転期間」という経営指標で比較してみます。あまり注目されないマイナーな経営指標ですが、不動産業界においては実は重要な指標なのです。

棚卸資産回転期間
大和ハウス工業　105・7日
積水ハウス　234・1日

棚卸資産回転期間（日）＝棚卸資産÷（売上原価÷365日）

※棚卸資産は期首と期末の平均残高を使用するほうがより正確ですが、ここでは単純に期末残高を前提に算出しています。

２社の決算書を比較！

貸借対照表

	大和ハウス工業 2019年3月期 単位：百万円		積水ハウス 2019年1月期 単位：百万円
資産の部		資産の部	
流動資産		流動資産	
現金預金	279,859	現金預金	343,358
受取手形・完成工事未収入金等	390,922	受取手形・完成工事未収入金	42,503
リース債権及びリース投資資産	31,834	有価証券	－
不動産事業貸付金	14,625	棚卸資産	1,100,186
有価証券	891	繰延税金資産	24,806
棚卸資産	955,663	その他	84,706
その他	255,910	貸倒引当金	△1,440
貸倒引当金	△8,665		
流動資産合計	1,921,043	流動資産合計	1,594,124
固定資産		固定資産	
有形固定資産	1,608,548	有形固定資産	530,394
無形固定資産	124,639	無形固定資産	20,566
投資その他の資産	679,804	投資その他の資産	267,967
固定資産合計	2,412,993	固定資産合計	818,929
資産合計	4,334,037	資産合計	2,413,053

損益計算書

	大和ハウス工業 2018年4月1日～2019年3月31日		積水ハウス 2018年2月1日～2019年1月31日
売上高	4,143,505	売上高	2,160,316
売上原価	3,300,738	売上原価	1,715,719
売上総利益	842,767	売上総利益	444,596
販売費及び一般管理費合計	470,571	販売費及び一般管理費合計	255,373
営業利益	372,195	営業利益	189,223

業種別の棚卸資産回転期間の違い

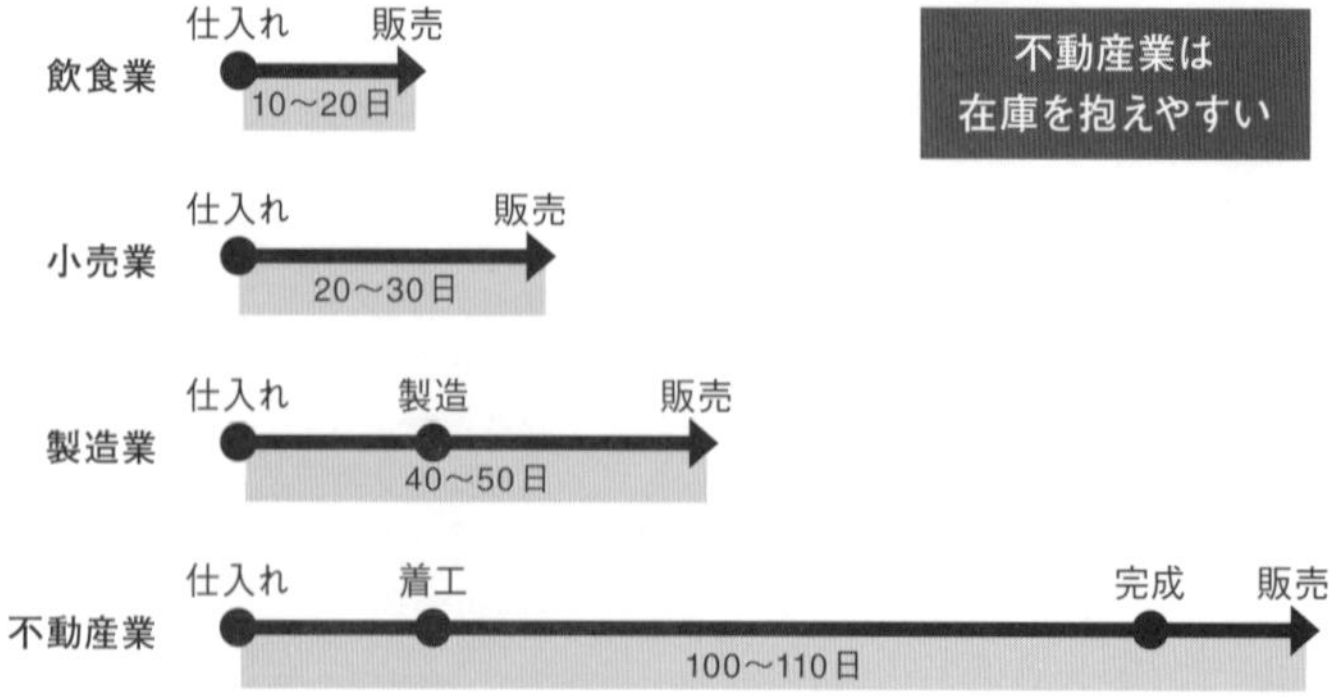

棚卸資産回転期間とは、会社が抱えている棚卸資産（在庫）に何日分の売上原価が入っているかを計算した数値です。この日数を計算することで、**仕入れから出荷までどのくらいの期間を要しているかという在庫の平均保管期間**がわかります。

棚卸資産回転期間は、業種によって異なります。小売業の場合は20〜30日程度、製造業の場合は、製造工程が入る分、40〜50日程度とやや長めになり、飲食業の場合は、在庫は食材がメインなので、10〜20日程度となるのが一般的です（保存がきかない食材を扱う飲食店であればもっと短いでしょう）。

不動産業界においては、買いつけた土地や建設した建物が商品（棚卸資産）です。

戸建ての場合、着工から引き渡しまで、おおむね3～4か月かかるため、棚卸資産回転期間は100～110日となるでしょう。

倒産に直結する在庫リスク

これを踏まえると、大和ハウス工業の105・7日は標準的な棚卸資産回転期間です。ところが、積水ハウスは234・1日と2倍以上の期間となっています。月数にすると7～8か月もあります。

一般的に、棚卸資産回転期間が業界平均よりも長くなっている会社は、滞留在庫の恐れがあると考えられます。

特に不動産業界は、在庫リスクと隣り合わせのビジネスです。仕入れから販売まで、他の業種よりも長期間かかるだけでなく、その金額も非常に大きいからです。予定通り販売できれば問題ありませんが、市況が悪化して販売が低迷、あるいは、大幅な値下げをしないと販売できない状況になると、一気に資金繰りが悪化します。

負債総額2558億円を抱え、2008年に経営破綻した不動産開発のアーバンコーポレイションの事例が参考になります。この会社は、右肩上がりで売上も利益も伸ばしていきましたが、突然、経営破綻してしまったのです。

アーバンコーポレイションは、市況の悪化で販売が低迷していたにもかかわらず、用地仕入れを継続して行っていました。仕入れた在庫は販売されるまでは損益計算書に現れません（販売のタイミングで売上原価として計上されます）。

したがって、**損益計算書上は黒字続き**でした。その代わりに**棚卸資産はどんどん膨らんでいって資金繰りが悪化**し、やがて銀行からの融資も受けられなくなり、結局破綻してしまった、というのがその経緯です。

リーマンショックのときに、不動産業界で倒産ラッシュがありましたが、その多くはアーバンコーポレイションと同様、在庫リスクが顕在化したことが要因です。

仕入れすぎると、棚卸資産が積み上がり、在庫リスクが膨らみます。その結果、棚卸資産回転期間が異常な数値として表れます。逆に、仕入れが少なすぎると、販売機会を失うことがあるため、業績は低迷する可能性があります。

将来の市況動向を見据えて、どこまでリスクを背負って在庫を抱えるか、慎重に意思決定しなければならないビジネスです。その意思決定の成否がビジネスの成功と失敗を分けるといっても過言ではないでしょう。

では、積水ハウスの234・1日という棚卸資産回転期間の異常性を検証してみます。

アーバンコーポレイションの棚卸資産の推移

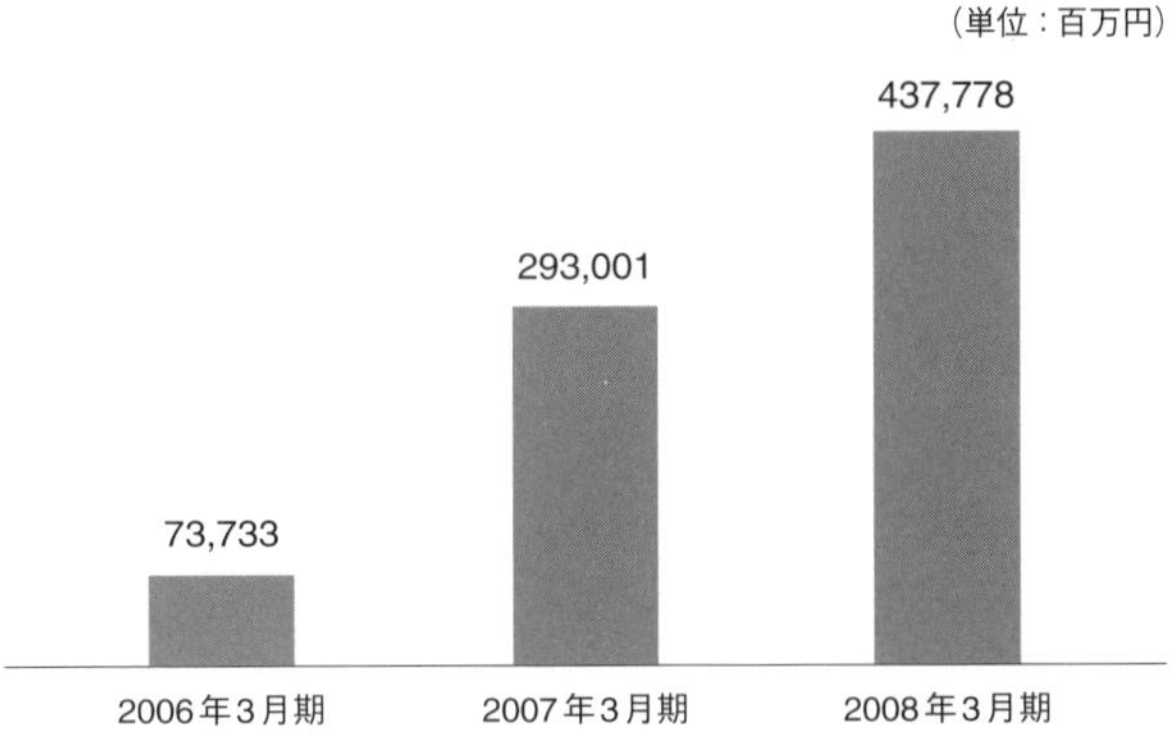

（アーバンコーポレイションの有価証券報告書より作成）

アーバンコーポレイションの自己資本比率の推移

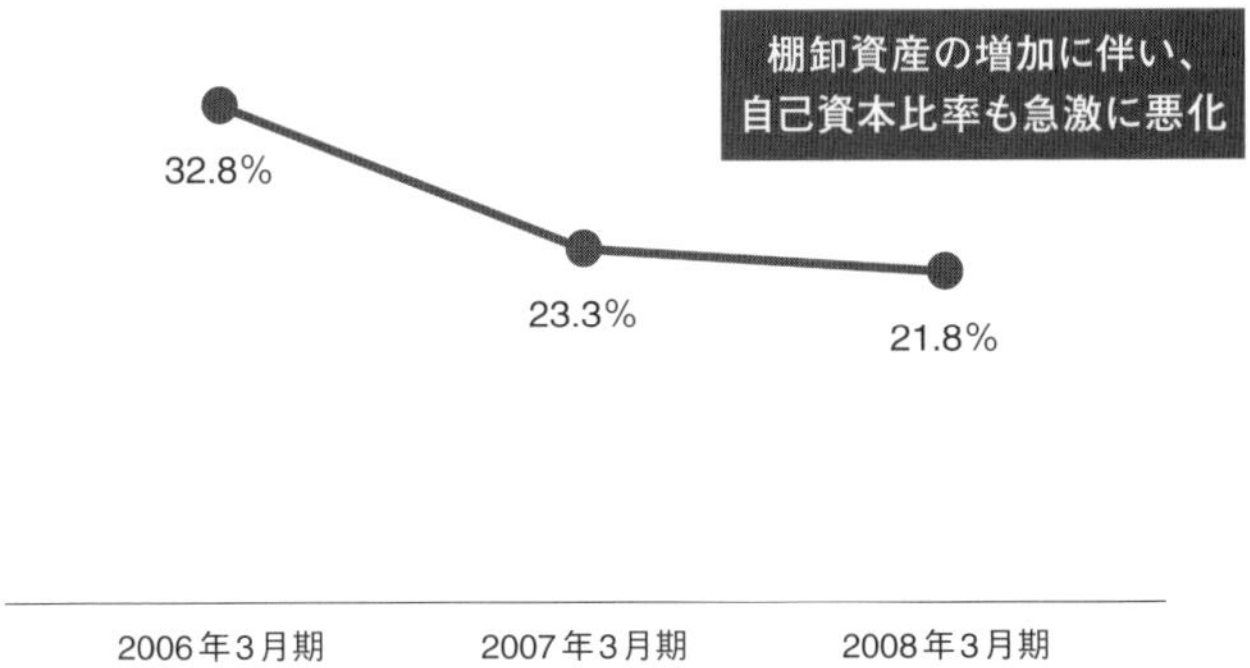

（アーバンコーポレイションの有価証券報告書より作成）

棚卸資産回転期間の推移

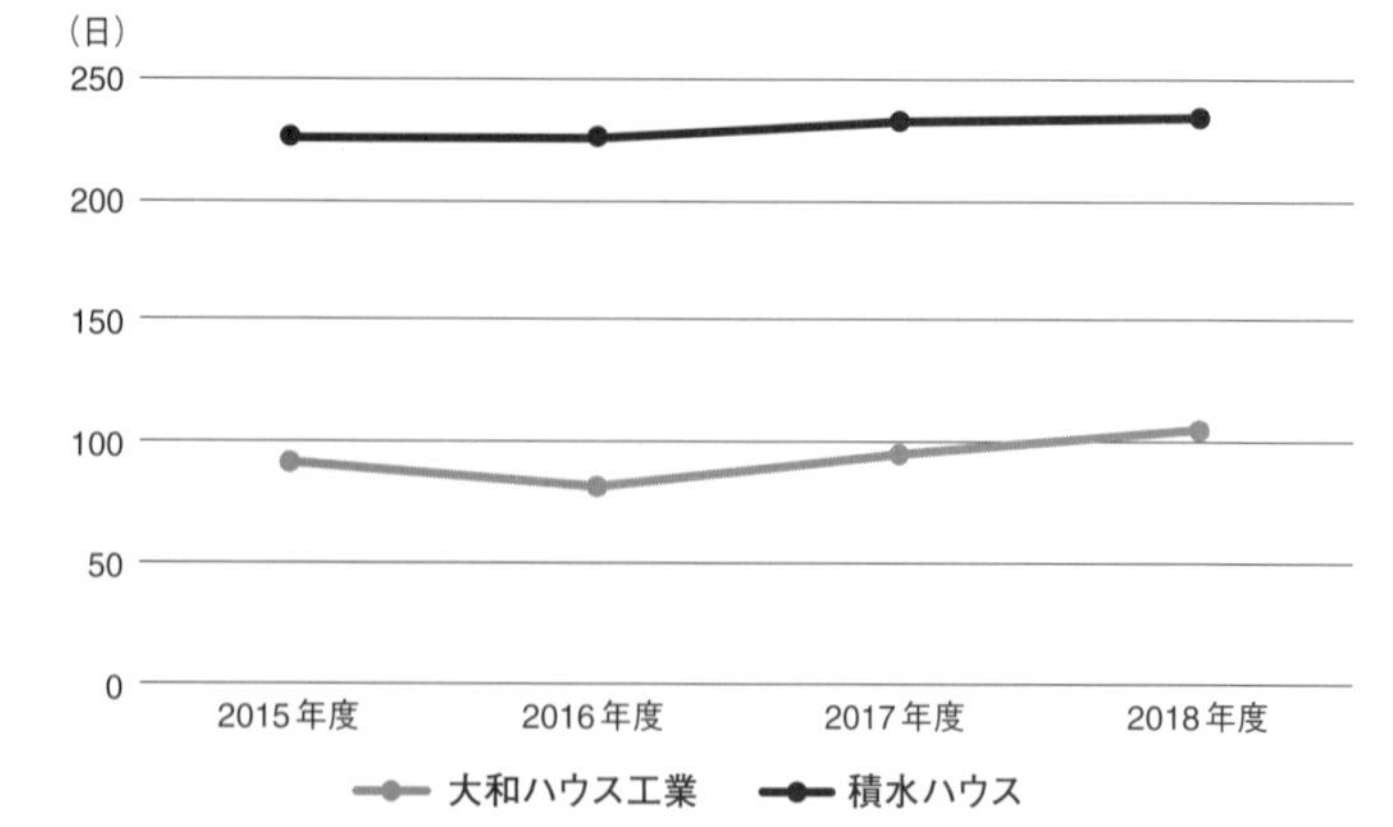

積水ハウスの「異常値」を追う

棚卸資産回転期間の計算式で使う「棚卸資産」は決算日時点における貸借対照表の数値です。そのため、「決算日直前に瞬間的に在庫が膨らんで、棚卸資産回転期間が長く計算された」ということも考えられます。

しかし、少なくとも過去4年間をさかのぼってみても、日数に大きな変動はありません。上図を見てください。大和ハウス工業は一貫して１００日前後であり、積水ハウスは２３０日前後です。積水ハウスの棚卸資産回転期間の長さは、２０１８年度に限った特殊事情ではなさそうです。

積水ハウスのセグメント情報

（2019年1月期）（単位：百万円）

	報告セグメント							
	戸建住宅事業	賃貸住宅事業	リフォーム事業	不動産フィー事業	分譲住宅事業	マンション事業	都市再開発事業	国際事業
売上高								
(1) 外部顧客への売上高	357,944	416,062	141,416	514,035	148,880	89,581	173,391	245,953
(2) セグメント間の内部売上高又は振替高	−	3,217	178	3,207	−	−	105	−
計	357,944	419,279	141,594	517,243	148,880	89,581	173,497	245,953
セグメント利益又はセグメント損失（△）	42,255	50,376	21,109	39,407	11,088	6,478	40,403	16,340
セグメント資産	57,419	47,313	16,849	138,004	141,446	173,102	539,327	943,695
減価償却費	3,899	2,463	116	756	1,108	14	8,419	1,848
有形固定資産及び無形固定資産の増加額	3,734	1,193	21	1,394	788	25	45,603	921

それでは、どの事業が積水ハウスの棚卸資産回転期間を長期化させる要因になっているのかを見てみましょう。

積水ハウスの **「セグメント情報」** の事業別の内訳で確認することができます。

積水ハウスは「戸建住宅事業」「賃貸住宅事業」「リフォーム事業」「不動産フィー事業」「分譲住宅事業」「マンション事業」「都市再開発事業」「国際事業」の合計8つの事業セグメントで構成されています。

上図の下から3段目に「セグメント資産」という項目があります。これは、貸借対照表の資産合計の金額を、関連する各セグメントに紐づけて割り振ったものです。セグメント資産には、棚卸資産以外の資産も含まれますが、積水ハウスは、資産全体の約3分の2が流動資産であり、流動資産の大部分を棚卸資産で占めている会社です。そのため、セグメント資産の配分を見れば、どの事業で棚卸資産が積み上がっているのか、おおよそ当たりがつきます。

なぜ国際事業を攻めているのか?

内訳を見てみましょう。各セグメントの資産の積み上げは約2兆円。その中で、都市再開発事業が約5000億円、国際事業が約9000億円もあります。割合としては、この**2事業で全体の4分の3を占めている**のです。

つまり、この2事業が資産の中でも棚卸資産を多く抱えていると考えられます。積水ハウスの棚卸資産回転期間を長期化させている要因は、国際事業と都市再開発事業にあるといえます。どちらも売上高に対して3倍以上もの金額です。

では、積水ハウスの国際事業の在庫は、いつ頃から増えていったのでしょう。

有価証券報告書を2011年1月期までさかのぼり、セグメント資産の推移がどのよ

積水ハウスのセグメント資産の内訳と推移

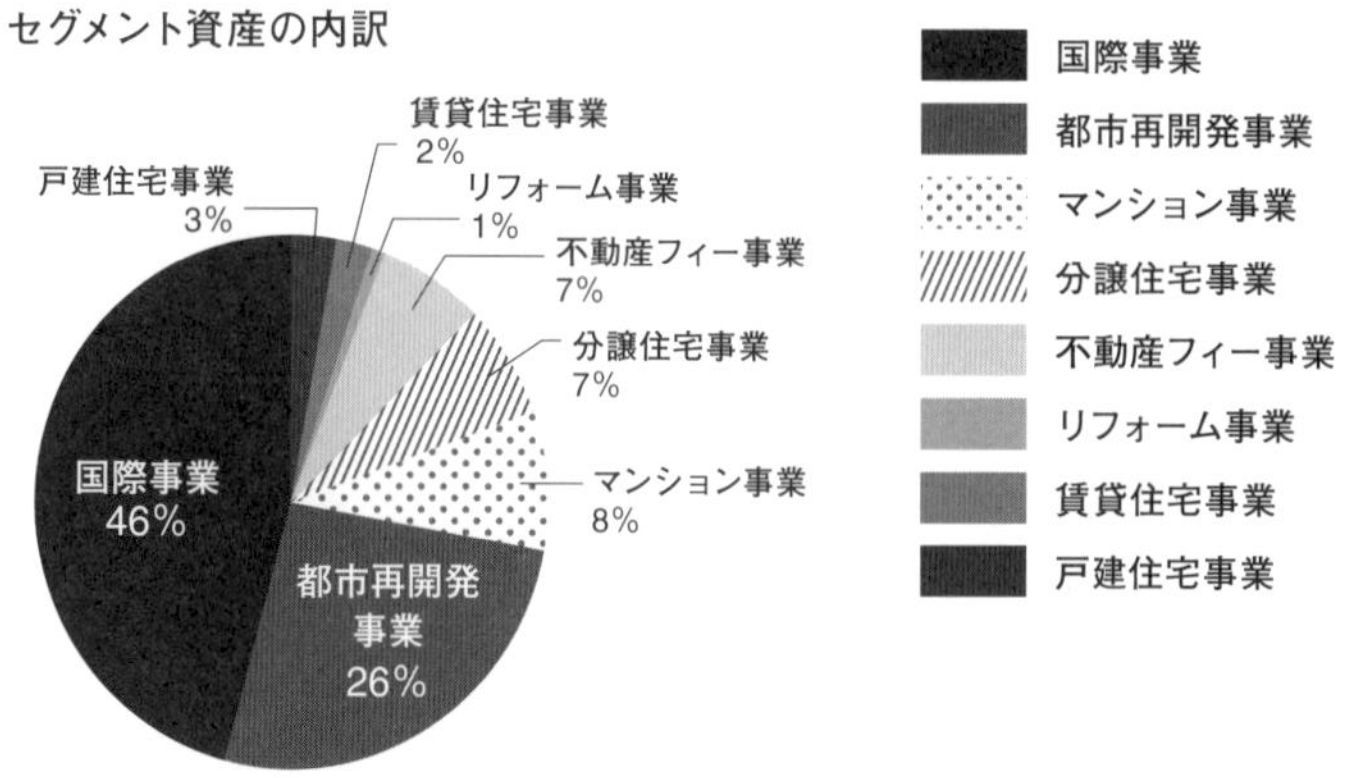

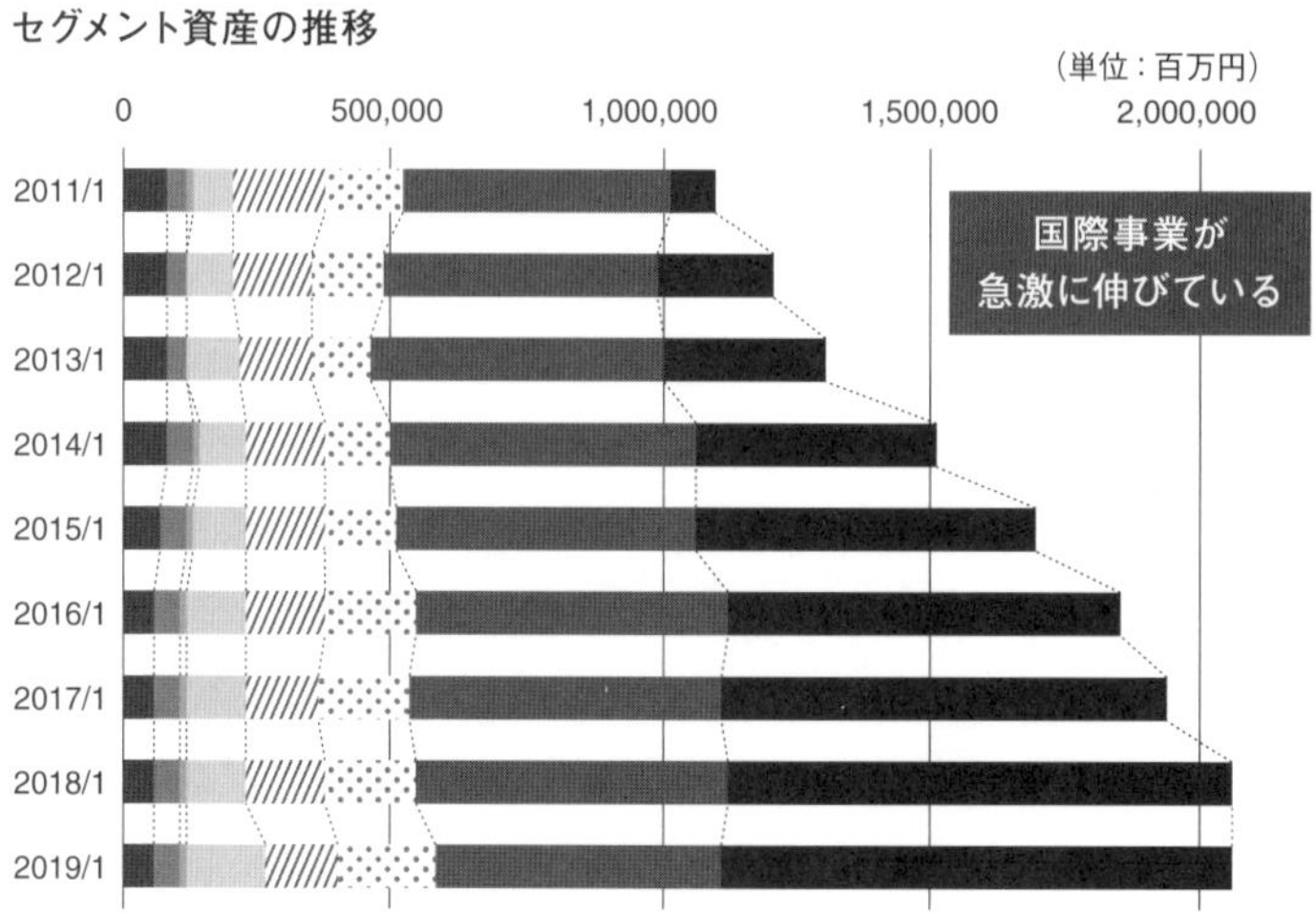

うに変化していっているのかを確認すると、国際事業の在庫が急速に膨らんでいるのがわかります。前ページの図を見てください。

２０１１年1月期は、わずか８５７億円、資産全体の１割にも満たなかった国際事業の資産が、２０１９年1月期には９４３６億円と10倍以上に増加しました。

積水ハウスが国際事業の在庫を増やしているのには理由があります。マクロ的に考えれば、**国内の住宅市場は、人口減少や少子高齢化によって需要が衰退**することが目に見えています。

売上高の差は2倍。これからどうなる？

この点、大和ハウス工業は、早くから「事業施設事業」や「商業施設事業」など、法人向けの事業も手がけ、多角化していたことから、**住宅市場の冷え込みの影響はそれほど大きくありません。**特に、物流施設や製造施設を中心とする事業施設事業は、この8年で5倍以上の売上高の伸びとなり、稼ぎ頭に成長しました。

これに対して積水ハウスは、主に個人向けの売上が事業の中心のため、住宅需要の減少の影響をまともに受けてしまいます。

大和ハウス工業のセグメント別の売上推移

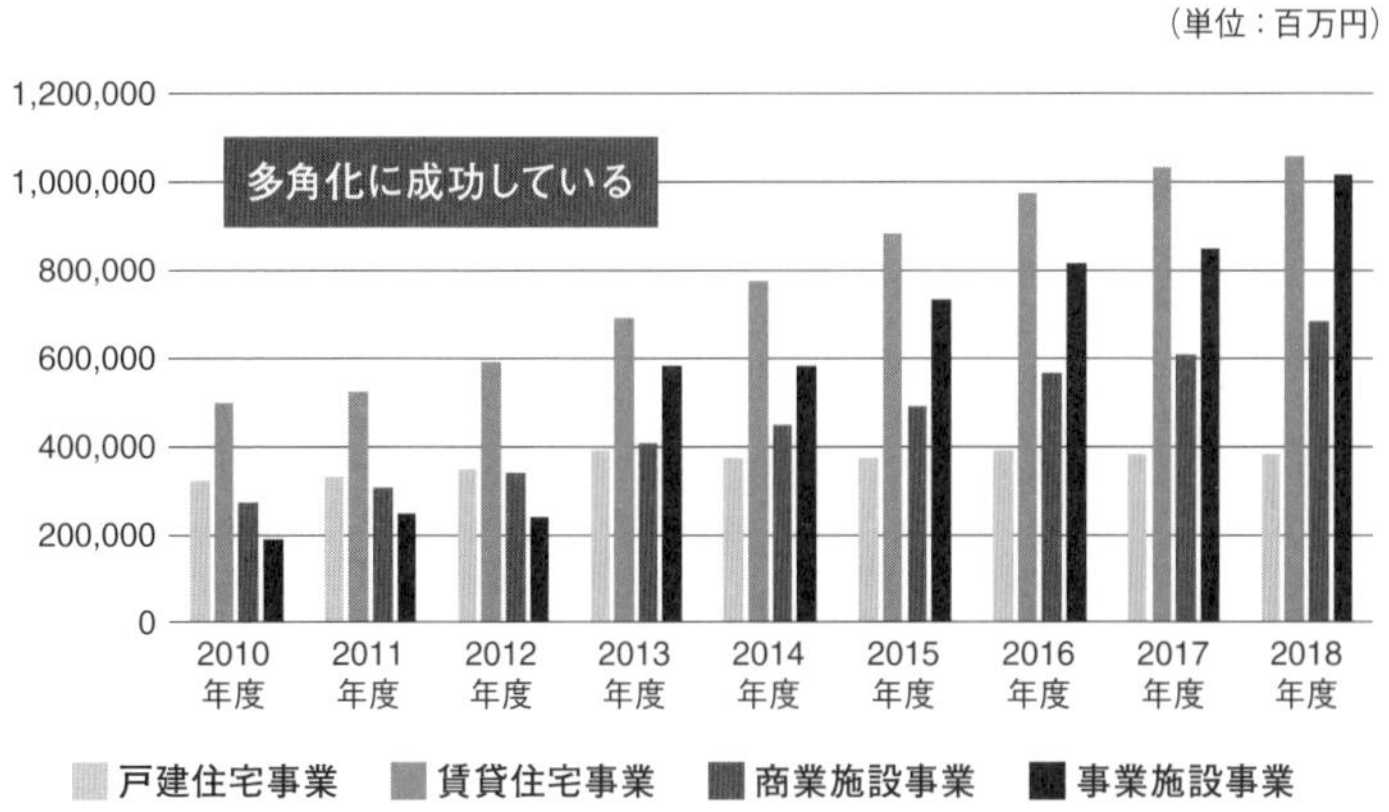

特に戸建住宅事業については、市場の縮小とともに、売上が低迷しています。それを補うため、国際事業を強化する戦略に踏み切ったのでしょう。次ページの上図を見てください。

２００９年のオーストラリアへの事業進出を皮切りに、米国、中国、シンガポールの４か国に絞って国際展開しています。

２０２０年１月期を最終年度とする経営計画では、３年間で１兆円強を国際事業に投じることを打ち立てました。２０１７年に米国のハウスメーカー、ウッドサイド・ホームズを買収し、さらに国際事業にアクセルを踏み込んでいます。

一方、大和ハウス工業は、海外進出

積水ハウスの戸建住宅売上と国際事業売上の推移

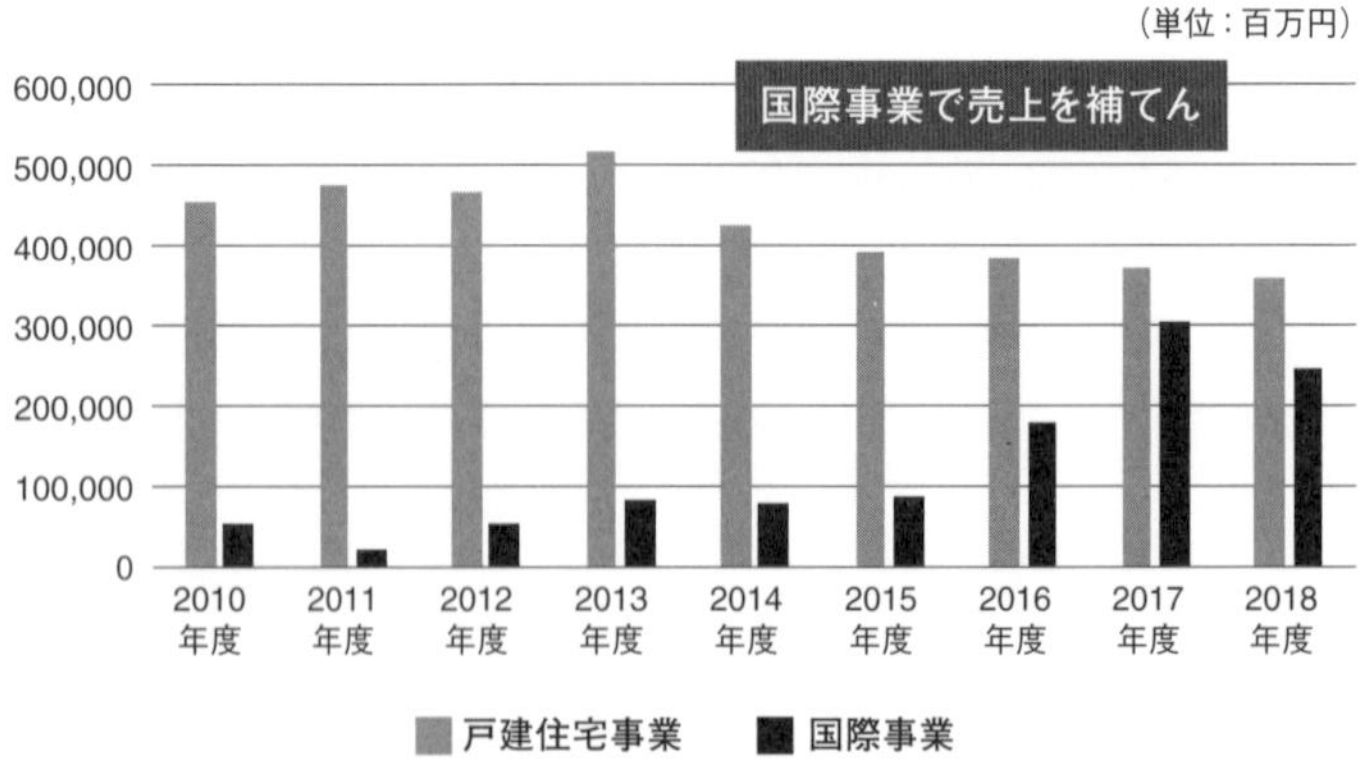

大和ハウス工業と積水ハウスの売上高の推移

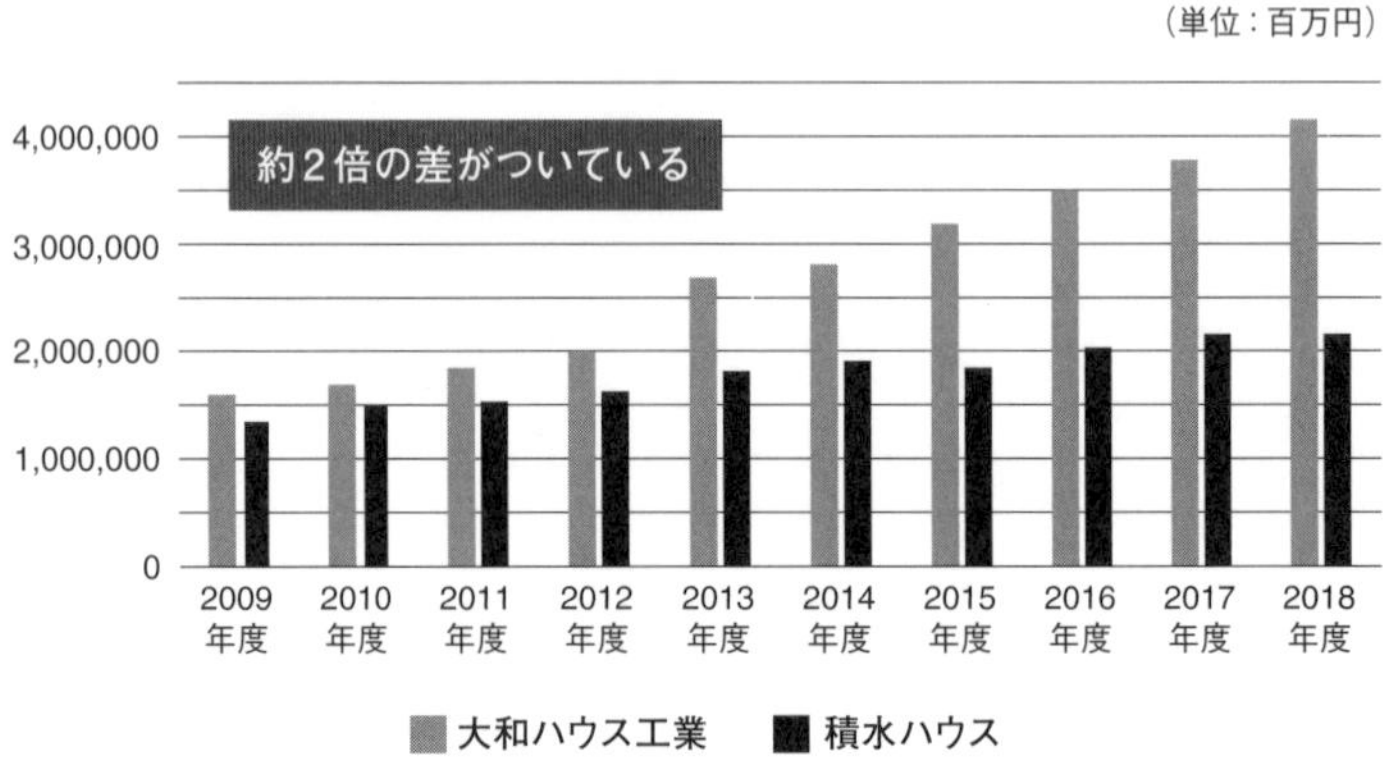

はしているものの、その**売上高は全体の10％未満**です。これは有価証券報告書のセグメント情報の中の「地域ごとの情報」で判明します。したがって、海外にはまだ本腰を入れているわけではなさそうです。

気候や生活スタイル、商慣習など、何もかも異なる海外の不動産市場において、日本のハウスメーカーがどこまで太刀打ちできるかは未知数です。

しかし、国際事業のこれまでの実績で、積水ハウスにはある程度の見通しと確信が生まれたのでしょう。それが国際事業の棚卸資産の増加に反映されています。本格的な成果がまだ表れていないので、棚卸資産回転期間が長くなっていますが、販売が追いつけば徐々に短縮化していくでしょう。逆に、**さらに長期化していったら、在庫の滞留、資金繰りの悪化につながるため注意が必要**です。

ほんの10年前までは、積水ハウスは大和ハウス工業とほぼ同水準の売上高でしたが、現在は約2倍の差をつけられています。積水ハウスにとってはここが勝負所といえるでしょう。

Point

在庫リスクは将来のリターンと表裏一体

アサヒ

VS

キリン

第6章

積極的なのはどっち？
M&Aに

のれん

アサヒ vs キリン

ビール業界の二大巨頭、アサヒとキリン。
どちらもM&Aを積極的に行っているが、
決算書を読み解けばM&Aの巧拙が浮かび上がる。
ビール出荷数量が年々減少する中、
両社の戦略の違いを探ってみよう。

少子高齢化や若者のビール離れ、消費者の健康志向などに伴って、ビールの国内市場は低迷しています。大手のビール類の課税出荷数量は14年連続で前年割れというありさまです。

成熟産業ともいえるビール業界の二大巨頭、アサヒグループホールディングスとキリンホールディングスを比較します。

ここでは、企業の隠れたブランド力を表す指標「のれん」を使います。競争が激しく、業界内の再編が活発なビール業界であるため、儲けを生み出すために実施したM&Aの爪痕《つめあと》である「のれん」の金額は重要な意味を持ちます。

のれん
アサヒグループホールディングス　7050億8700万円
キリンホールディングス　2442億2200万円

2社ののれんを比べると、圧倒的にアサヒグループホールディングスのほうが多額です。なんと**その差は約3倍**です。

そもそも資産規模としても、アサヒグループホールディングスのほうがキリンホー

2社の決算書を比較！

単位：百万円
2018年12月期

アサヒグループホールディングス

資産	
流動資産	
現金及び現金同等物	57,317
営業債権及びその他の債権	427,279
棚卸資産	160,319
未収法人所得税等	37,308
その他の金融資産	7,025
その他の流動資産	25,324
小計	714,576
売却目的で保有する資産	—
流動資産合計	714,576
非流動資産	
有形固定資産	689,985
のれん及び無形資産	1,428,543
持分法で会計処理されている投資	8,668
その他の金融資産	184,533
繰延税金資産	16,300
確定給付資産	19,282
その他の非流動資産	17,424
非流動資産合計	2,364,738
資産合計	3,079,315

キリンホールディングス

資産	
非流動資産	
有形固定資産	527,039
のれん	244,222
無形資産	179,892
持分法で会計処理されている投資	240,597
その他の金融資産	177,787
その他の非流動資産	13,653
繰延税金資産	88,676
非流動資産合計	1,471,866
流動資産	
棚卸資産	204,837
営業債権及びその他の債権	404,934
その他の金融資産	6,713
その他の流動資産	42,172
現金及び現金同等物	173,102
(小計)	831,758
売却目的で保有する非流動資産	—
流動資産合計	831,758
資産合計	2,303,624

※アサヒグループホールディングスは貸借対照表には、「のれん及び無形資産」として合算で計上されていますが、前ページののれんの金額は、貸借対照表注記から、のれんのみの金額を抽出したものです。
※キリンホールディングスの貸借対照表は、非流動資産（固定資産）が上に表示されていますが、これはIFRS上認められている表示方法です。

ルディングスよりも大きいので、のれんの金額が大きいのは必然ともいえます。しかし、資産総額は3兆円と2兆3000億円ですので、単に「資産規模が大きいから」という理由だけでは片づけられません。

潜在的な価値を指す「のれん」

まず「のれん」という会計用語について解説します。

日本企業でもM&Aがさかんに行われるようになったこともあり、「のれん」という言葉を目にする機会が増えています。

「のれん」は貸借対照表の資産の部に計上されるものですが、のれんと聞いて普通イメージするのは、店の入り口などに垂れ下がっている布製の暖簾《のれん》でしょう。実は会計上の「のれん」も、店の入り口にかかっている暖簾が語源です。有名店の屋号が書かれた暖簾が入り口にかかっていたら、その店の知名度やブランド力でお客が集まる効果があります。

例えば、創業約500年という非常に長い歴史を持つ和菓子店の「虎屋」の例で考えてみましょう。

似たような和菓子店が2軒並んでいて、片方の入り口には虎屋の暖簾がかかっており、もう片方にはなにもかかっていない。どちらにより多くのお客さんが来るかといえば、虎屋のほうでしょう。それは、約500年にわたって育まれてきた「伝統」と「信頼」が入り口の暖簾に表れているからです。

財務諸表には直接表れないけれども、店の暖簾のように、その企業が持っている潜在的な価値のことを「のれん」といいます。**潜在的な価値とは、「ブランド」「ノウハウ」「顧客との関係」「従業員の能力」などを指します。**

では、目に見えない価値があればどんな会社でものれんが計上できるかというと、そうではありません。

「我が社のブランド力は5000万円の価値がある」「うちの社員は優秀だから1億円ののれんを計上する！」といっても、その金額に根拠はないでしょう。自画自賛しているだけで、外部から見たら「まったく価値がない」ということもあり得ます。

そのため、ある事象が発生しないとのれんを計上してはいけないというルールになっているのです。その事象とは、M&Aによって、他社を傘下に入れることです。すると、その「他社ののれん」が計上されます。

M&Aの際には、買収される会社の企業価値を算定します。実際には、第三者機関を使って企業価値算定のための調査が行われます。これにより、客観的に目に見えな

のれんが計上されるまでの流れ

STEP 1	A社がB社の買収を検討	
STEP 2	B社の企業価値を第三者機関が客観的に評価	
STEP 3	買収価格が決定	競合する会社がいれば、買収価格がつり上がることもある
STEP 4	B社ののれん金額が算出される	買収価格－純資産＝のれん
STEP 5	B社がA社の傘下に入る	
STEP 6	A社グループの連結貸借対照表にB社ののれんが計上される	

い価値も含めた企業価値を測定することができるのです。

他方で、財務諸表上の企業価値を表す純資産の金額には目に見えない価値は含まれていません。

したがって、純資産の金額と、第三者機関による調査を経て測定された企業価値の金額との差額が、のれんとして初めて貸借対照表に計上されるのです。

例えば、純資産3億円の会社を5億円で買収した場合、差額2億円がのれんとなります。実際には、この2億円の中に、のれん以外の無形資産に振り替えられる金額が含まれる場合もありますので、差額がそのままのれんにならないケースもあります。

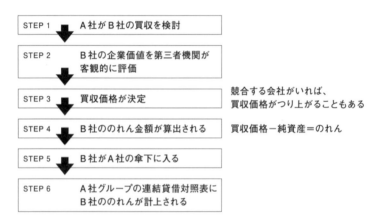

のれんの計算方法

被買収会社の貸借対照表

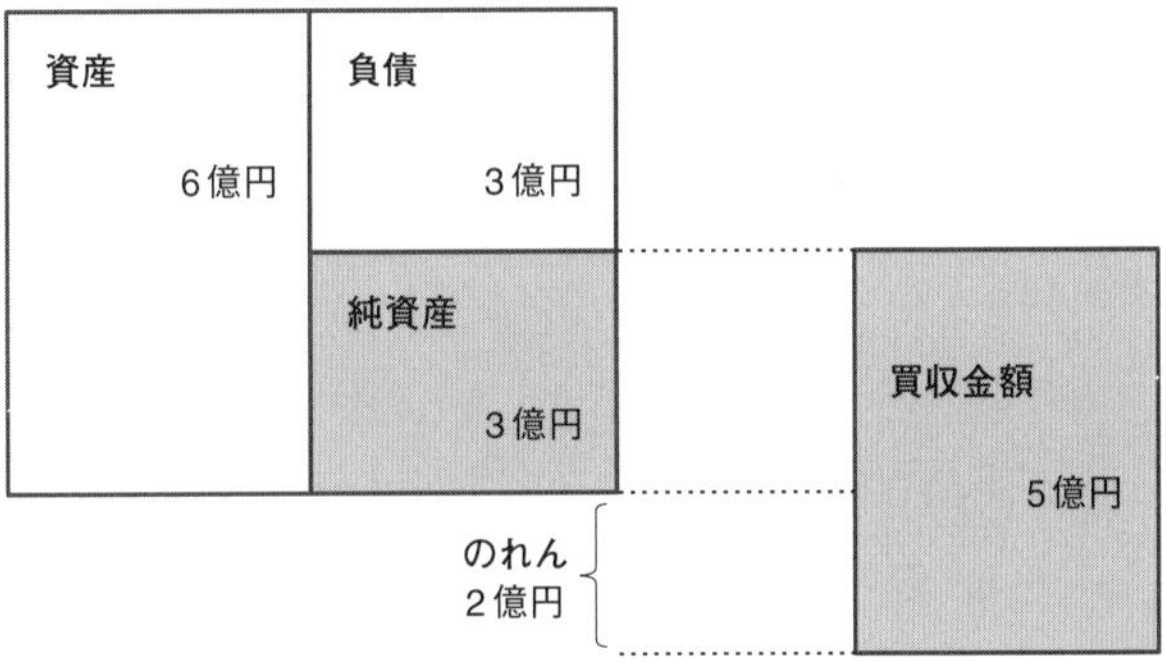

貸借対照表にのれんが載っていたら、それは過去にどこかの会社を買収したということを意味します。アサヒグループホールディングスもキリンホールディングスものれんが計上されていますので、それは買収を行った証拠なのです。

「のれん」のリスクとは？

アサヒグループホールディングスは、２０１６年から２０１７年にかけて、海外の同業他社から欧州事業を次々と買収し、Ｍ＆Ａによって海外展開を加速化させました。それは売上にも反映されています。アサヒグループホールディングスののれんが多額なのは、このようなM&Aの結果の表れなのです。

一方、キリンホールディングスは、2011年にブラジルのビール大手、スキンカリオールを買収しました。しかし、その後同社の業績が落ち込み、2015年にのれんの減損損失を計上。その後、ハイネケンにスキンカリオールを売却することでブラジル事業から撤退しました。

キリンホールディングスの有価証券報告書によると、この買収で計上したのれんは983億円です。つまり、ブラジル事業で将来生み出す儲けは「少なくとも983億円」と想定して資産計上していました。しかし、事業撤退でブラジル事業から儲けが出ないことが確定したため、計上していた**983億円ののれんは資産としての価値がなくなりました。**この結果、のれんは0円、切り下げ額983億円が減損損失として損益計算書に費用計上されました。

のれんは資産の一項目でありますが、機械とか備品などの有形固定資産と違って、それだけを切り出して他の事業に転用したり、他社に売却したりといったことができません。実物として存在するものではなく、「事業の浮き沈みによって、ある日突然、費用に振り替わってしまう恐れがある」ものなのです。

アサヒグループホールディングスは、7000億円以上ものれんが計上していますので、そのリスクがキリンホールディングスよりも高いといえます。

2社の「のれん」と「売上高」の推移を見る

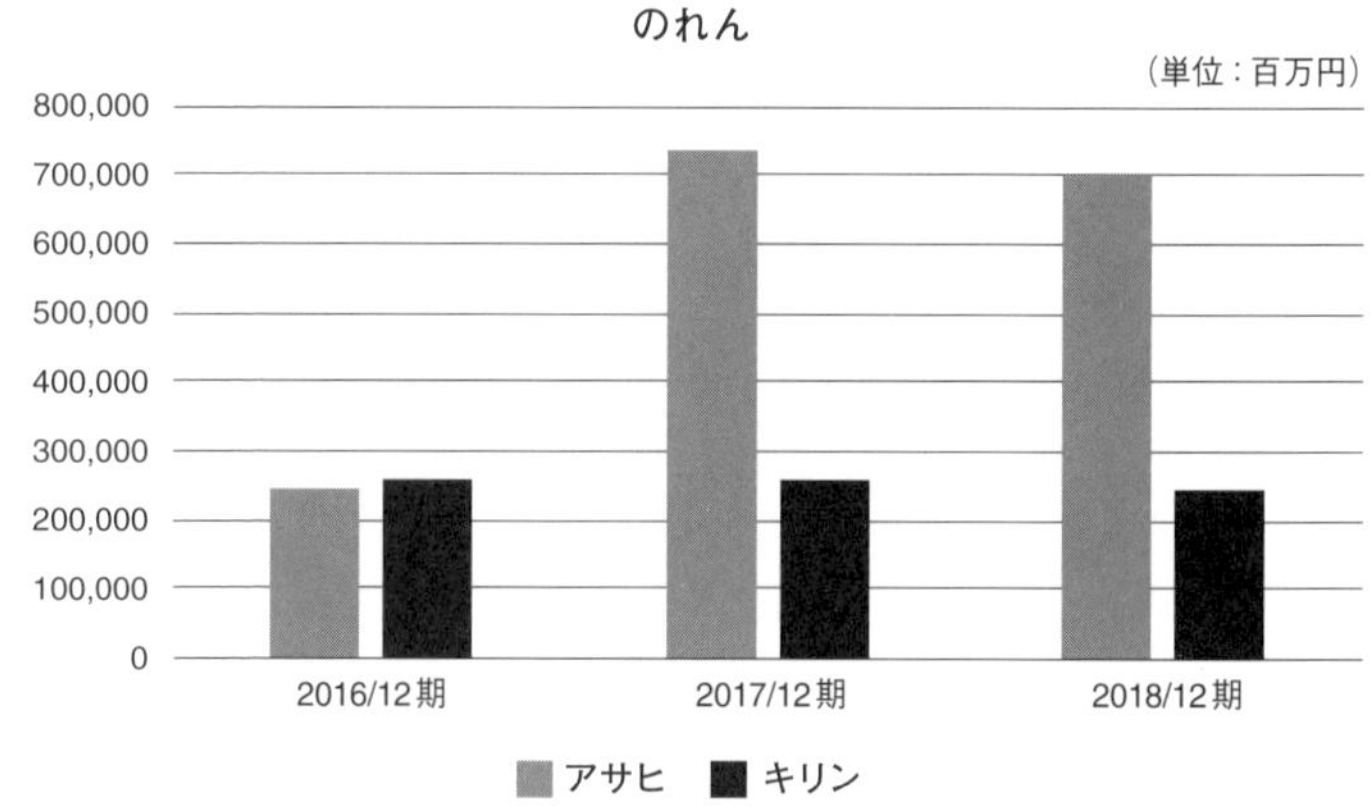

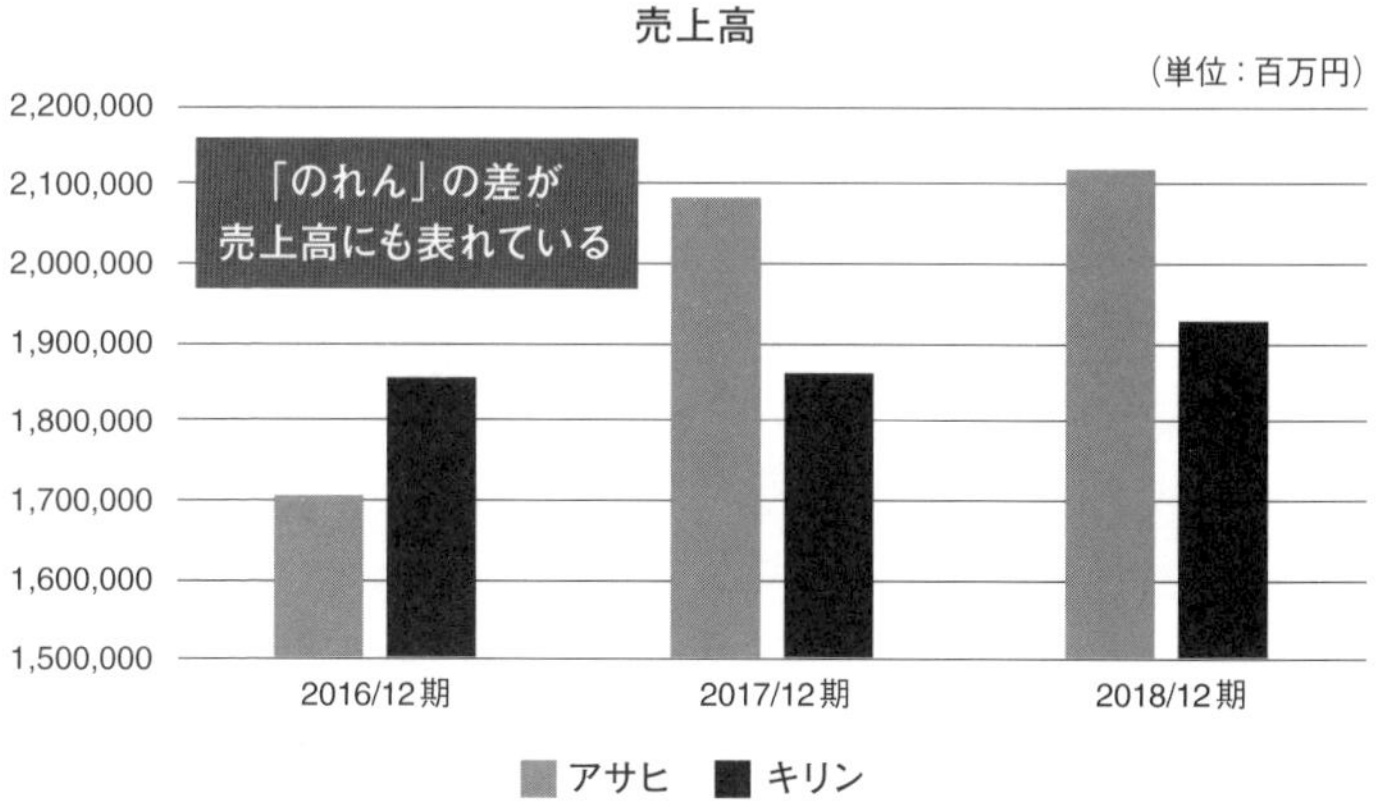

2社ののれんの割合

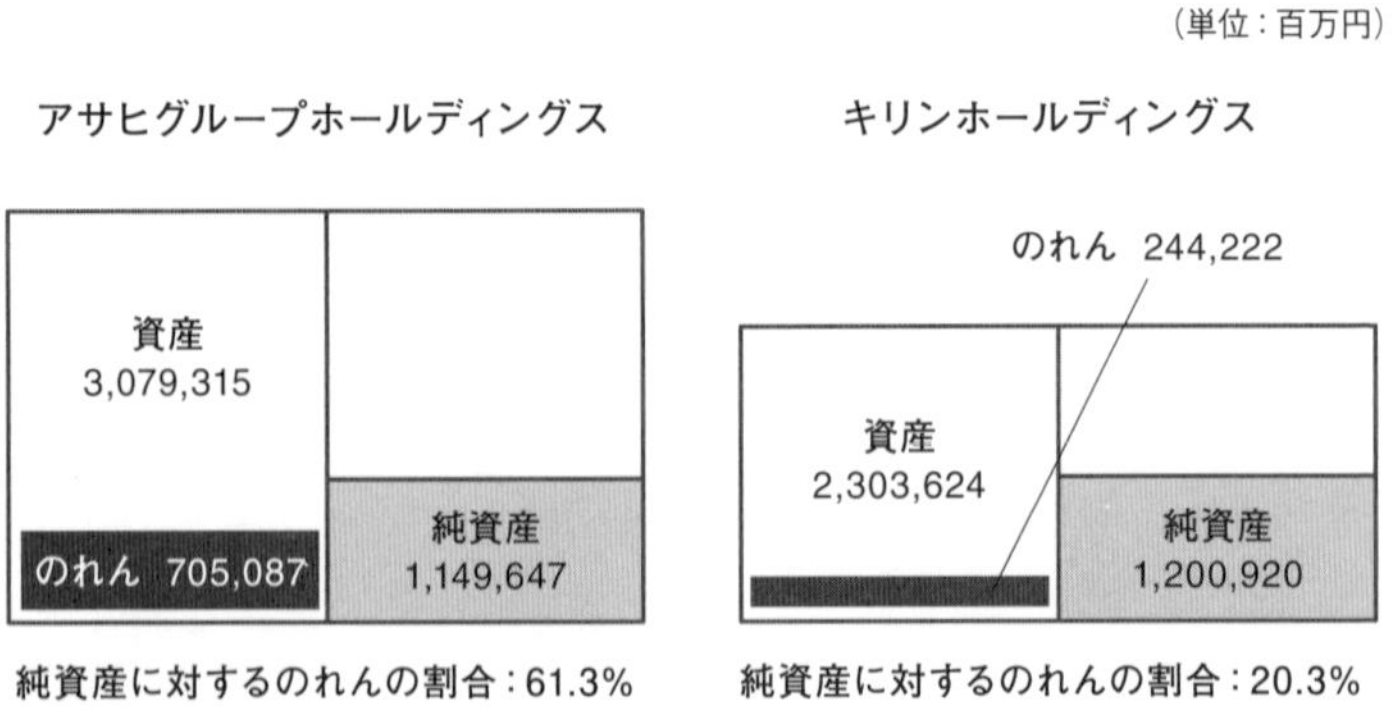

攻めのアサヒ、安定のキリン

純資産（IFRSでは「資本」と表記）に対するのれんの割合は、キリンホールディングスが**20・3％**なのに対して、アサヒグループホールディングスは**61・3％**ですので、その大きさが際立っています。

キリンホールディングスがブラジル事業で失敗したときのように、仮にアサヒグループホールディングスののれんすべてが価値ゼロとなった場合、純資産が半分以下の4445億6000万円になり、自己資本比率は15％以下にまで低下します。もしそうなったら、儲けを生み出すための土台が大きく揺

2社ののれんの内訳

（単位：百万円）

アサヒグループホールディングス

中東欧（チェコ及びスロバキア）事業	238,032
中東欧（ポーランド）事業	82,895
西欧（イタリア）事業	50,151
その他	334,010

キリンホールディングス

オセアニア酒類事業	99,050
オセアニア飲料事業	15,083
海外その他綜合飲料事業（ミャンマー）	23,303
医薬・バイオケミカル	104,141

らぐことになるでしょう。

なお、両社ののれんの内訳は、有価証券報告書の連結財務諸表注記に掲載されています。これを見ることで、どの事業（地域）でM&Aを行っているのかがわかります。その事業が失敗したら、のれんの金額が減損損失として費用計上されてしまうため、どの事業（地域）で失敗するとより痛手かも推測できます。上図を見てください。

アサヒグループホールディングスは、**チェコ及びスロバキアでの事業が、最も大きなリスク要因**といえます。何としてでもこの地域での事業は成功させたいはずです。

そんな中、アサヒグループホールディングスは、豪州ビール最大手の

キリンホールディングスの戦略

キリンホールディングスのセグメント利益の内訳

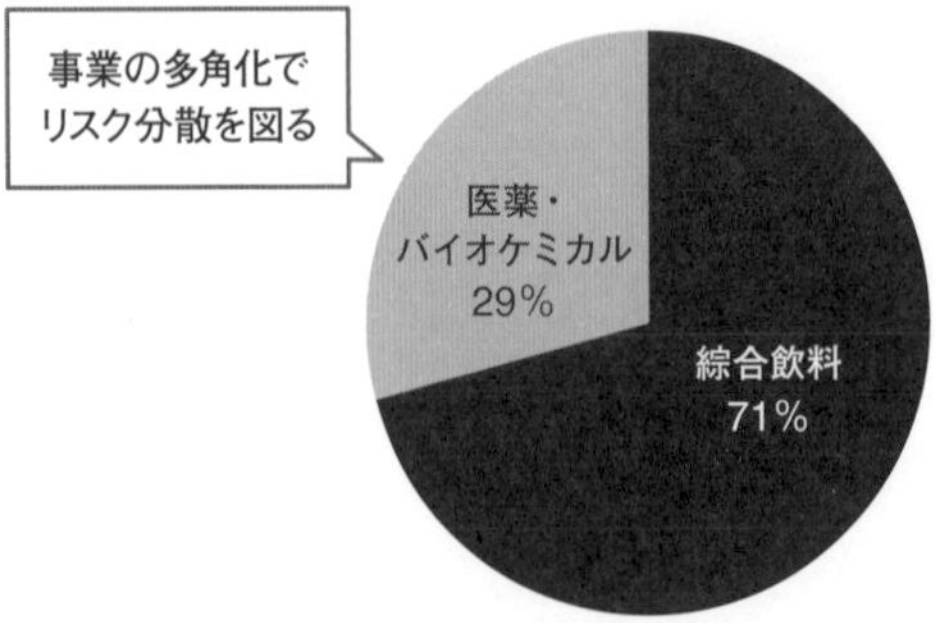

カールトン＆ユナイテッドブリュワリーズを1兆2000億円で買収すると発表しました。この買収により、のれんがさらに膨らむでしょう。

海外事業が失敗すれば、かつてのキリンホールディングスのように、のれんの減損という手痛いしっぺ返しを食らうことになるので、海外事業の動向に注意が必要です。

飲料一本槍か多角化か

国内の需要が低下する中、アサヒグループホールディングスが海外事業の拡大で収益基盤の強化を図るのは、ある意味自然な流れです。これに対してキリンホールディングスは、過去のブラジル事業での失敗を引きずってか、海外M&Aに積極性は見られません。

その代わり、キリンホールディングスは、医薬事業の協和キリンという、成長性が見込まれる事業を抱えています。

協和キリンが属する「医薬・バイオケミカル事業」は営業利益全体のうち、実に29%を占めるまでになっています。また、2019年には、化粧品のファンケルも傘下にとり込むなど、異業種への展開には積極的です。

ビールを中心とした飲料一本槍で世界展開を図るアサヒグループホールディングスと、飲料、医療、化粧品など、事業の多角化でリスク分散を図るキリンホールディングス。明暗はどう分かれるのか注目したいものです。

Point

「のれん」は諸刃《もろは》の剣

JAL
VS
ANA

第7章

総合力が高いのはどっち？

当期純利益率

JAL vs ANA

日本を代表する航空会社、ＪＡＬとＡＮＡ。
航空会社にはどんなリスクがあって、
どんなコスト構造になっているのか。
実際、どちらのほうが稼いでいるのか？
その要因はどこにあるのか？

日本を代表する二大航空会社、ＪＡＬとＡＮＡ。利用者から「どちらのサービスがいいか？」「マイルを貯めるならどっちがお得か？」などと比較されることも多い両社です。ＪＡＬ派、ＡＮＡ派という言葉もありますね。

永遠のライバル企業であり、就活生からも常に人気のあるこの2社を分析します。

比較するのは、会社の総合的な稼ぐ力を表す当期純利益率。算出のもととなるのは、日本航空とＡＮＡホールディングスの連結損益計算書です。

当期純利益率
日本航空　10・1％
ＡＮＡホールディングス　5・4％

当期純利益率（％）＝親会社株主に帰属する当期純利益÷売上高×１００

※日本航空は、売上高のことを「営業収益」と表示しているため、「親会社株主に帰属する当期純利益÷営業収益」で計算しています。

当期純利益率とは、売上高に対する最終利益の割合です。高ければ高いほど会社の

2社の決算書を比較！

2018年4月1日～2019年3月31日
単位：百万円

	日本航空	ANA ホールディングス
売上高（営業収益）	1,487,261	2,058,312
売上原価	1,075,233	1,559,876
売上総利益	412,028	498,436
販売費及び一般管理費	235,867	333,417
営業利益	176,160	165,019
営業外収益	9,148	16,599
営業外費用	19,948	24,937
経常利益	165,360	156,681
特別利益	2,812	6,813
特別損失	11,933	9,471
税金等調整前当期純利益	156,240	154,023
法人税等	1,096	42,186
当期純利益	155,144	111,837
非支配株主に帰属する当期純利益	4,337	1,060
親会社株主に帰属する当期純利益	150,807	110,777

2社の当期純利益率の推移

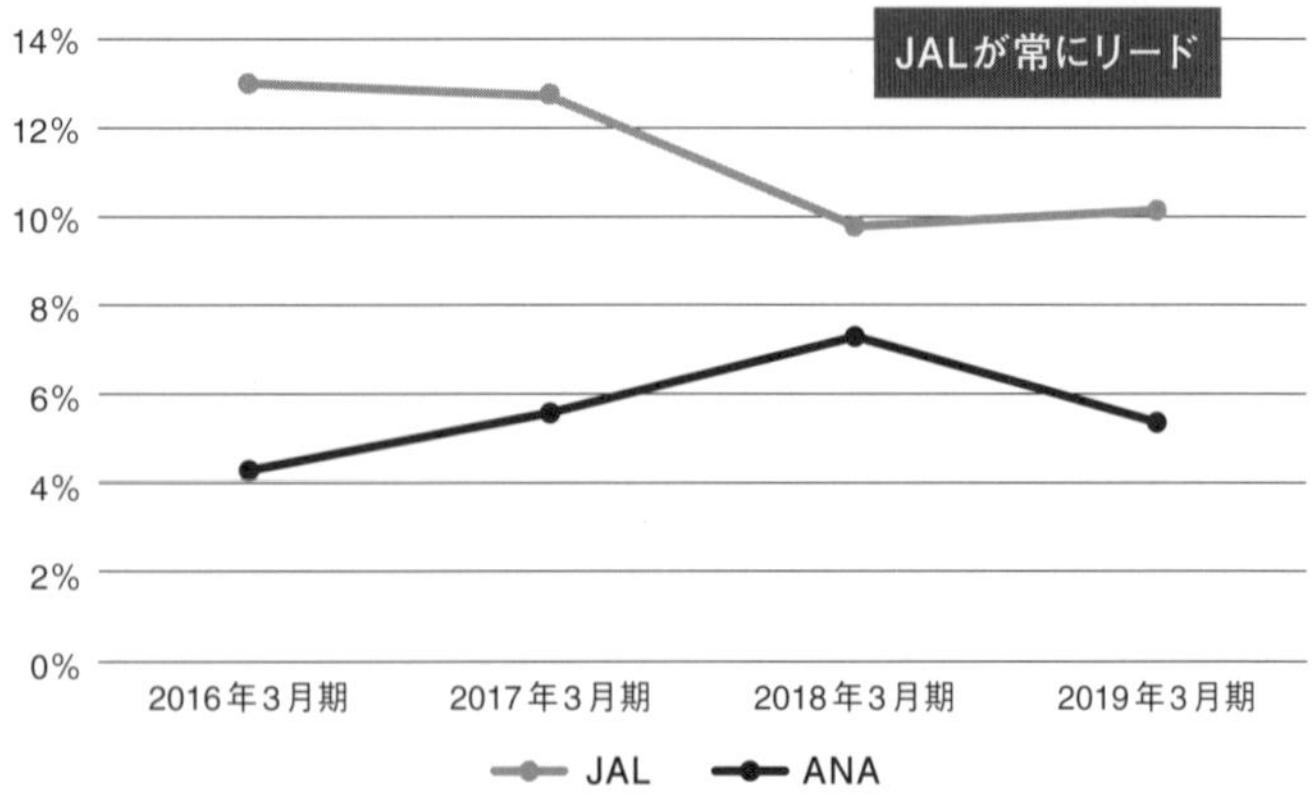

総合的な稼ぐ力が高いことを意味します。業種により異なりますが、おおむね**3～4%がひとつの目安**となります。

上図を見てください。当期純利益率を比較してみると、ANAホールディングスよりも日本航空のほうが高いパーセンテージをたたき出しています。しかも2倍近くの利益率となっています。

この差は2019年3月期に限ったことではありません。過去からの推移を見ても、日本航空のほうが高い当期純利益率となっています。

売上高から、サービスにかかった原価や営業経費、銀行への利息の支払い、突発的に発生した損失、税金などすべてのコストを差し引いて最終的に残った会社の儲けが、親会社株主に帰属する当期純利益です。

最後に残った利益の売上高に対する割合が当期純利益率です。日本航空とＡＮＡホールディングス、どちらも同じようなサービスを提供していると思いきや、この結果を見ると、日本航空はＡＮＡホールディングスよりもコストをかけずに、ビジネスを回しているように見えます。

航空会社のコスト構造を見る

航空会社は典型的な装置産業です。巨額の有形固定資産（航空機など）を保有していなければそもそも成り立たないビジネスですし、日々の運営に当たっては、パイロットや客室乗務員だけでなく、航空機の整備士など多数の人員が必要ですので、人件費も多額になります。

そのため、**航空会社は固定費の割合が高い**業種といえます。

固定費とは、売上高の増減にかかわらず毎期一定額が必ず発生するコストのことを指します（固定費の対極にあるのが、売上高の増減に応じて発生する変動費です）。

固定費の割合が高いビジネスは損益分岐点に達するまでの売上高が高く、稼働率が落

航空会社の損益分岐表のイメージ

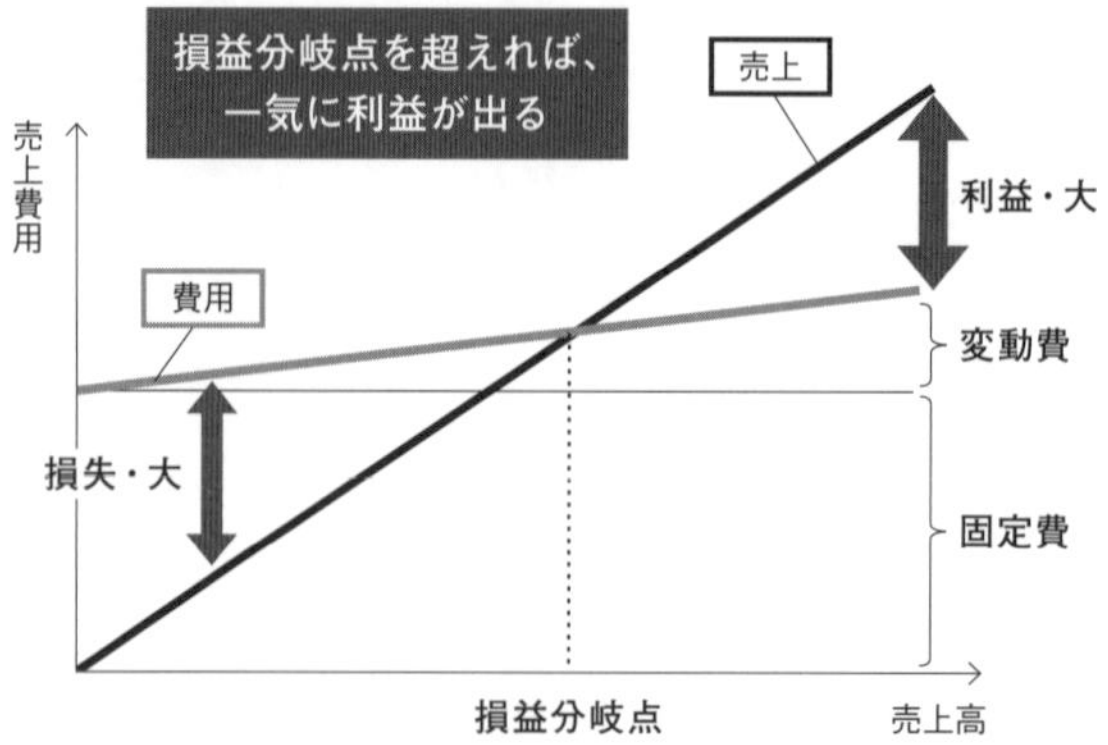

ちたときのインパクトが大きい半面、逆に損益分岐点を超えれば飛躍的に利益が出やすくなるコスト構造です。

ところが、売上高は日本航空が約１兆５０００億円なのに対して、ＡＮＡホールディングスは約２兆円。ＡＮＡホールディングスのほうが、売上規模が大きいにもかかわらず、利益は逆に小さいのです。なぜでしょうか。

経営再建で行われたこと

日本航空は、一度経営破綻していることが当期純利益率に大きな影響を及ぼしているのです。経営悪化によって２０１０年１月に会社更生法の適用を申請し、上場廃止になっています。その後、見事に業績が回復し、史上最短で再上場を果たしました。

この復活劇で行われた大規模な公的支援と構造改革によってコスト構造が大きく変わったことが、日本航空の当期純利益率を高めている要因なのです。

まず、著しく悪化していた財務体質をあるべき姿に戻すため、取引銀行から５０００億円もの債務免除を受けました。要は、**借金を棒引き**にしてもらったのです。

２０１９年３月期の両社の有利子負債を見てみると、ＡＮＡホールディングスは８０００億円近くあるのに対し、日本航空は１４００億円程度しかありません。当時の債務免除の影響が今も残っていると考えられます。

有利子負債が少なければ、支払利息も必然的に少なくなります。ＡＮＡホールディングスの支払利息は約70億円ですが、日本航空は約８億円にすぎません。金利負担が少ない分、日本航空は最終利益を多く残すことができます。

また、日本航空は約１万６０００人もの**大規模なリストラと給与引き下げ**を行いました。その結果、人件費負担も軽くなりました。大量リストラと給与カットは、会社更生法の適用を申請したという名目があるからこそ思い切ってできるもの。人件費は、売上原価と販売費及び一般管理費に計上される費用ですので、人件費削減の効果で売上総利益と営業利益が増加します。

固定費の代表格である人件費を引き下げることに成功すれば、損益分析点の費用が低くなり、利益が出やすい体質になります。

さらに会社更生法に基づき、航空機などの**有形固定資産の財産評定損の計上**が行われたのも見逃せません。

有形固定資産は、長期にわたって使い続けるもので、かつ、金額が大きい資産です（航空会社にとっては航空機が有形固定資産の代表格です。日本航空もＡＮＡホールディングスも、有形固定資産の大半が航空機です）。

航空機を減価償却すると？

有形固定資産には、会計上のルールとして減価償却という処理が行われます。まずは減価償却のしくみについて解説します。

例えば、購入した航空機の取得価額を費用として全額計上するとしたら、どんなことが起こるでしょうか。多額の費用が計上され、利益が大幅に削られてしまいます。赤字になることもあるでしょう。そして、翌年には設備投資をたまたま行わなかったら、費用が一切計上されず、利益が急回復したように見えてしまいます。

減価償却の考え方

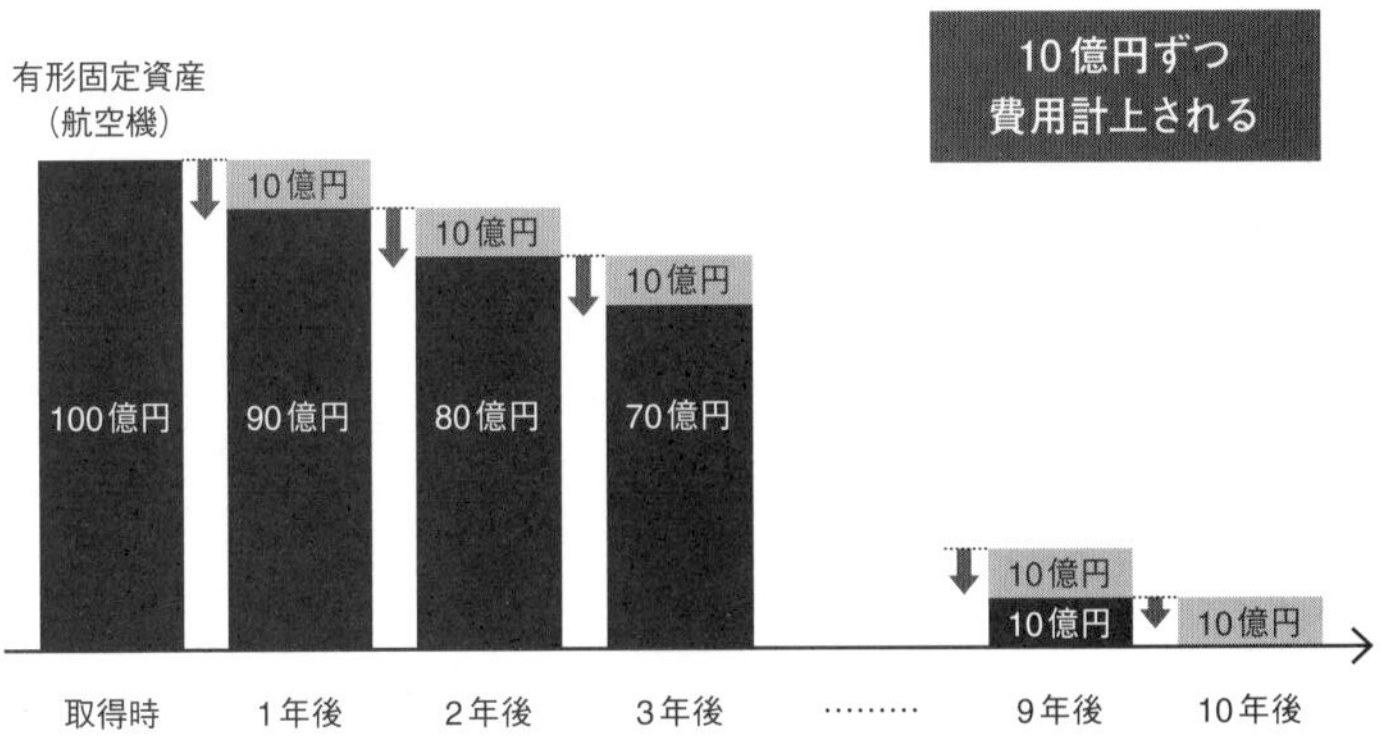

実際には、今年も翌年も同じように航空機を使っている（有形固定資産の使用による便益を受けている）にもかかわらず、買ったタイミングで費用負担が生じ、業績が乱高下してしまうのは、経営の実態を正しく反映した損益計算書とはなりません。

そのため、購入時点の支出額を、使用する期間にわたって費用配分する会計処理が行われます。これが減価償却というルールです。

例えば、1機100億円の航空機を10年間使い続ける前提で購入する場合、年間10億円が航空機の減価償却費として費用計上されます（100億円÷10年＝10億円）。購入した年も、その翌年以降も、同じようにこの航空機を使

3年経過時点で航空機を除却した場合

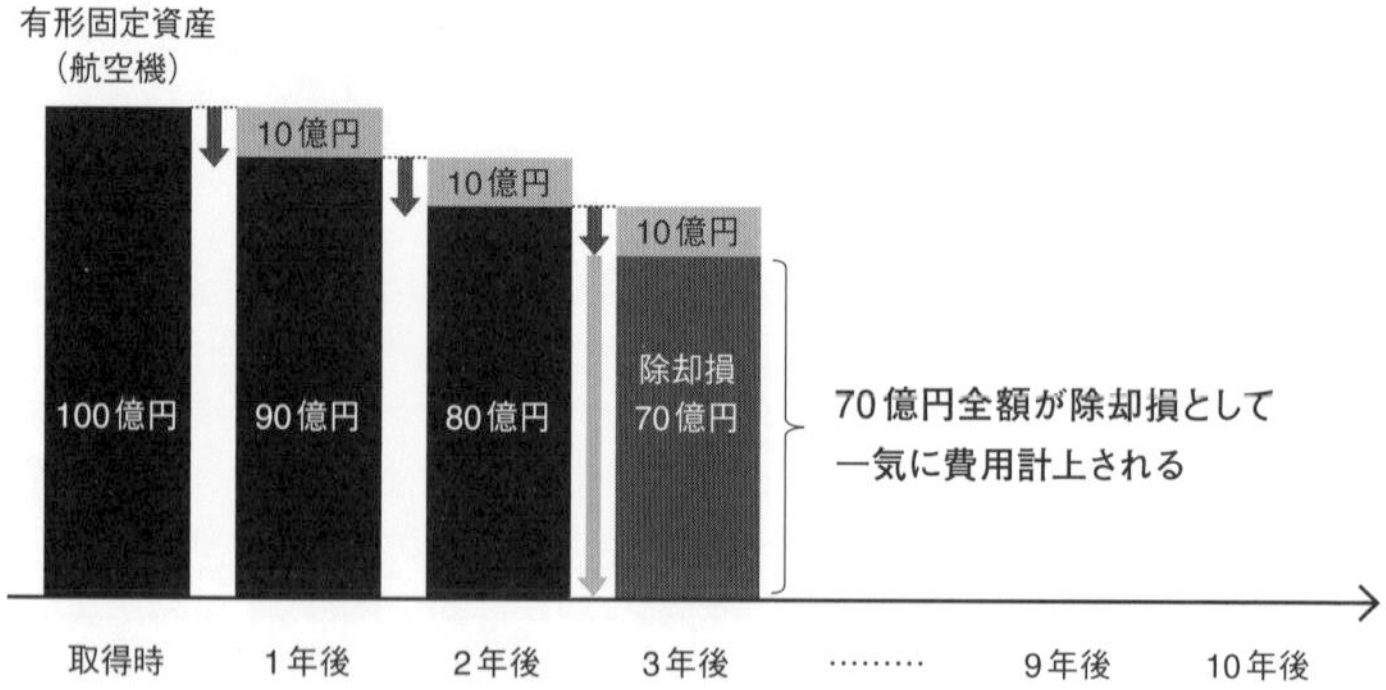

い続けるのであれば、同じように費用配分するのが合理的です。だから、100億円を10億円ずつに分けて各年度に配分するのです。

使用する予定の期間のことを耐用年数といいますが、耐用年数は購入時点での見積もりです。航空機の耐用年数を10年として毎年の減価償却を計算したものの、10年も経たずに退役させることもあるでしょう。

耐用年数よりも早く有形固定資産を除却する（資産の使用をやめる）と、その後に予定されていた減価償却費が一気に吐き出されます。

先の例を前提に、購入から3年経過時点で航空機を退役させた場合、会計上はどうなるでしょうか。上図を見て

3年経過時点で会社更生法による財産評定を行った場合

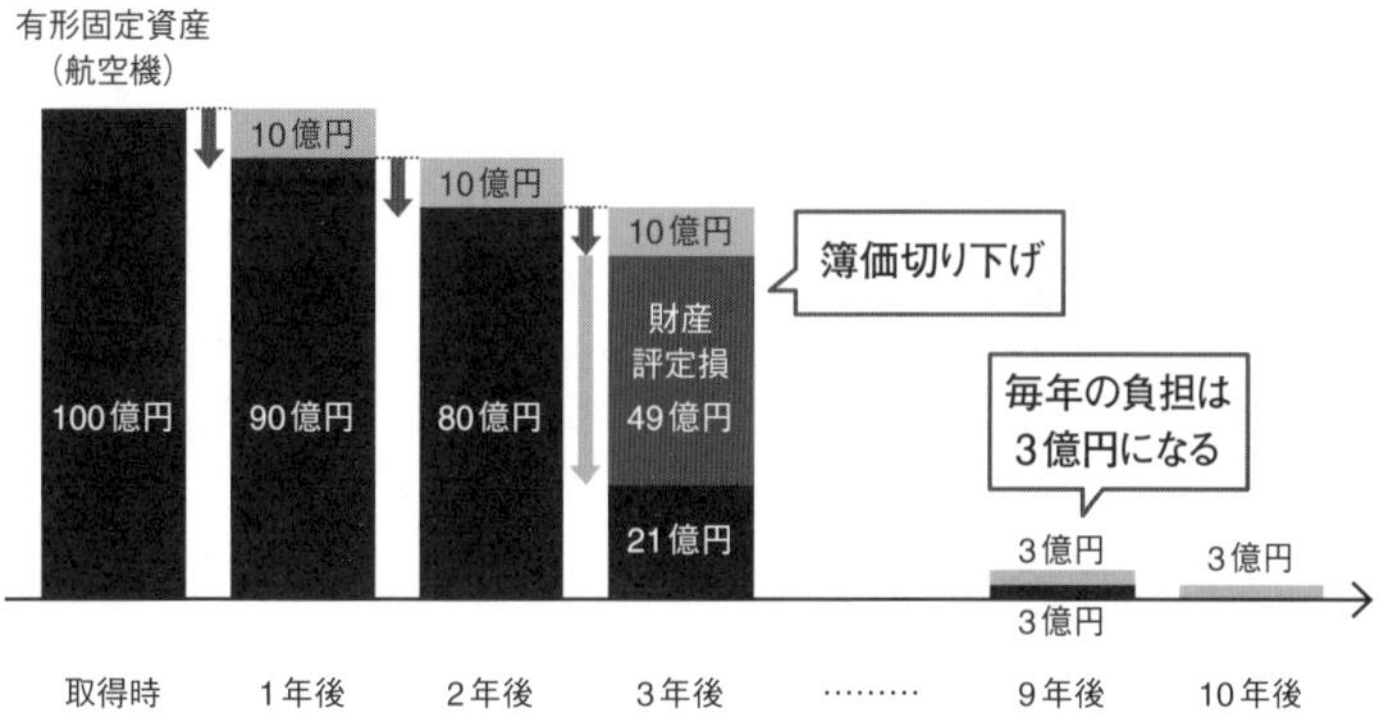

ください。4年目から10年目までで計上する予定だった、**7年間の減価償却費の合計70億円が、一気に費用計上されるの**です。

通常、このような有形固定資産の除却は行われません。やろうと思っても、大幅な減益または赤字転落につながるので、なかなか踏み切れないものです。

しかし、日本航空では会社更生法によって、除却と同様の会計処理が行われました。

それが会社更生法に基づく財産評定、つまり航空機の時価評価です。これにより航空機の簿価（貸借対照表に計上される金額）が大幅に切り下げられ、切り下げ幅が財産評定損として費用計上されたのです。

この財産評定損は、将来、減価償却費として費用計上される予定だった金額の一部です。結果として費用を先どりしたことになるので、同じ航空機を使い続けているにもかかわらず、その後の費用負担は軽くなったのです。

前ページの図では、取得から3年後に簿価を80億円から21億円に切り下げたため、財産評定損49億円が計上されたケースです。その後は21億円の簿価を7年間で減価償却するため、毎年の減価償却費は3億円（＝21億円÷7年）で済みます。

V字回復の決め手

２０１９年3月期の日本航空の減価償却費を含めた機材費は**１１２２億円**なのに対して、ＡＮＡホールディングスの機材費と減価償却費は**２７６３億円**です。

売上高に対する割合でも、日本航空が**7・5%**でＡＮＡホールディングスが**13・4%**ですので、日本航空の費用負担がいかに軽いかがわかります（両社の決算説明会資料より推計）。

リストラ費用、あるいは構造改革費用という名目で、将来の費用を前倒しで計上するのは経営再建の際によく使われる手法です。これを行った年度は多額の特別損失が

日本航空の経営再建のカラクリ

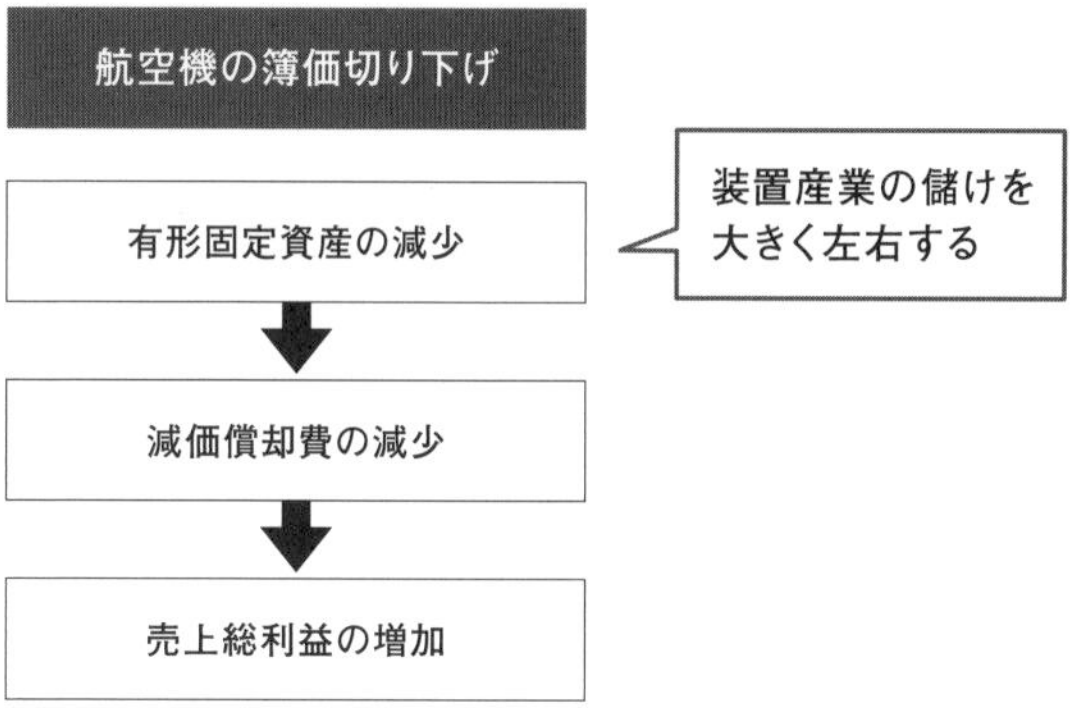

計上されますが、その分、翌年度以降の費用負担がなくなるため、V字回復しやすいからです。多額の特別損失を出した企業があったら、翌年は業績が上向くことが予想できます。

もちろん自助努力が足りなかったり、膿《うみ》の出し方が甘かったりすると、V字回復とはならないケースもありますので注意してください。

このように、日本航空はいったん経営破綻したことでさまざまな恩恵を受け、儲けやすい収益構造になりました。

しかしながら、日本航空の経営トップに就任した稲盛和夫氏の経営手腕が、業績回復に大きく貢献していることも見逃してはなりません。

「アメーバ経営」と呼ばれる経営管理

手法は、多くの企業で参考になるはずです。アメーバ経営は、会社組織を「アメーバ」と呼ばれる小集団組織に分け、徹底した部門別採算制度をとり、社員ひとりひとりが採算を考えて経営に参加する管理手法のことです。

「すでに相当絞っているはずなのに、それでもコストが落ちていく。毎月の報告数値を見るにつけ、想定以上の達成に不思議でならなかった」という日本航空の植木義晴《よしはる》社長（当時）の言葉は、各アメーバが自発的にコスト削減努力を行い、儲けを出す体質に生まれ変わったことを如実に物語っています。

有形固定資産を活用すべし

日本航空やＡＮＡホールディングスのような航空会社に限らず、巨額な設備投資が必要な装置産業においては、有形固定資産が儲けを左右します。

有形固定資産は、一度計上したら毎年必ず一定のコスト（減価償却費）が発生します。特に、耐用年数が長い有形固定資産ほど、毎年のコスト金額は薄まるので、高コスト体質の元凶になりやすいのです。

有形固定資産を取得した後は、当初意図した効果が出ているかどうかをチェックする必要があるでしょう。**生産性が低い有形固定資産は使い続けず、思い切って廃棄処分する**こともときには必要です。

その際、多額の費用が計上されるかもしれませんが、より生産性が高い有形固定資産に乗り換えることで、翌年以降のV字回復が実現することもあります。

航空会社は、固定費の割合が高いのに加え、原油高にともなう燃料費の高騰などで、変動費が膨らむリスクをはらんでいます。さらに、感染症やテロ、災害などの事象が発生すると、乗客が減って一気に売上高が低下するため、固定費を賄いきれなくなるリスクもあります。

旅行や出張などの移動手段として、公共的な側面がある航空業界ですが、決して安定している業界ではないのです。

格安航空会社（LCC）の参入で、競争も激化していますので、日本航空もANAホールディングスも、一層の合理化でさらなる収益力アップが求められます。

Point

儲けのカギは、コスト構造とビジネスリスクの把握

吉野家

VS

フード
サービス

第8章

効率的なのはどっち？

総資産回転率

吉野家 vs ペッパーフードサービス

牛丼の吉野家と、
いきなり！ステーキのペッパーフードサービス。
回転率が勝負のカギを握る2社の飲食店。
どちらのほうが効率的に儲けを出しているのか？
資産の構成と売上高との関係から
その実態を浮きぼりにしてみよう。

牛丼チェーン大手の吉野家ホールディングスと、「いきなり！ステーキ」で急成長中のペッパーフードサービスを比較分析します。

飲食業の経営戦略は数々ありますが、なかでもこの2社は回転率を重視しています。「うまい、やすい、はやい」が代名詞の吉野家は、男性の1人客が多く、注文から食事の提供、そして食べ終わって退店するまでの時間が非常に短い部類に属します。

一方、「いきなり！ステーキ」は、立ち食いステーキというスタイルのため、通常のステーキレストランと違って顧客が長時間、店に居座ることはなく、食べたらすぐに退店するのが通常です。

なぜ「回転率」で比較するのか？

どちらも顧客の滞在時間の短さ、つまり回転率の高さがキーとなる業態といえます。同じ飲食業でも、居酒屋やファミレスとはアプローチがまったく異なります。

一般的に、飲食業の回転率といえば、顧客回転率（客数÷座席数）を指しますが、通常は外部に出回るものではないため、他社の顧客回転率は算出することができません。その代替として**会計上利用されるのが「総資産回転率」**です。

2社の決算書を比較！

連結損益計算書（抜粋）

（単位：百万円）

	吉野家ホールディングス（2018年3月1日～2019年2月28日）	ペッパーフードサービス（2018年1月1日～2018年12月31日）
売上高	202,385	63,509
売上原価	72,804	36,275
売上総利益	129,581	27,234

連結貸借対照表（抜粋）

	吉野家ホールディングス（2019年2月期）	ペッパーフードサービス（2018年12月期）
流動資産		
現金及び預金	16,971	6,732
売上債権	5,829	2,838
棚卸資産	6,345	643
その他流動資産	5,115	2,395
流動資産合計	34,260	12,608
固定資産		
有形固定資産	46,234	9,403
無形固定資産	4,155	72
投資その他の資産	28,034	3,908
固定資産合計	78,425	13,384
資産合計	112,685	25,993

総資産回転率
吉野家ホールディングス　1・8回
ペッパーフードサービス　2・4回

総資産回転率（回）＝売上高÷資産

※総資産回転率は、資産に対してどれだけ売上をあげたのかを表す指標です。単位は「回」です。資産が何回転して売上高になったのかを示すものです。おおむね1回がひとつの目安となります。

総資産回転率のことを、「総資本回転率」と表記する場合もありますが、表現が異なるだけで、その意味するところはまったく同じです。「総資本＝他人資本（負債）＋自己資本（純資産）」、つまり、「総資本＝総資産」なので計算結果は同じになります。貸借対照表の左側をもとにした指標が総資産回転率で、貸借対照表の右側をもとにした指標が総資本回転率というにすぎません。

総資産回転率の計算結果を見ると、吉野家ホールディングスが**1・8回**なのに対し、ペッパーフードサービスは**2・4回**。ペッパーフードサービスのほうが効率的に資産

総資産と総資本は同じもの

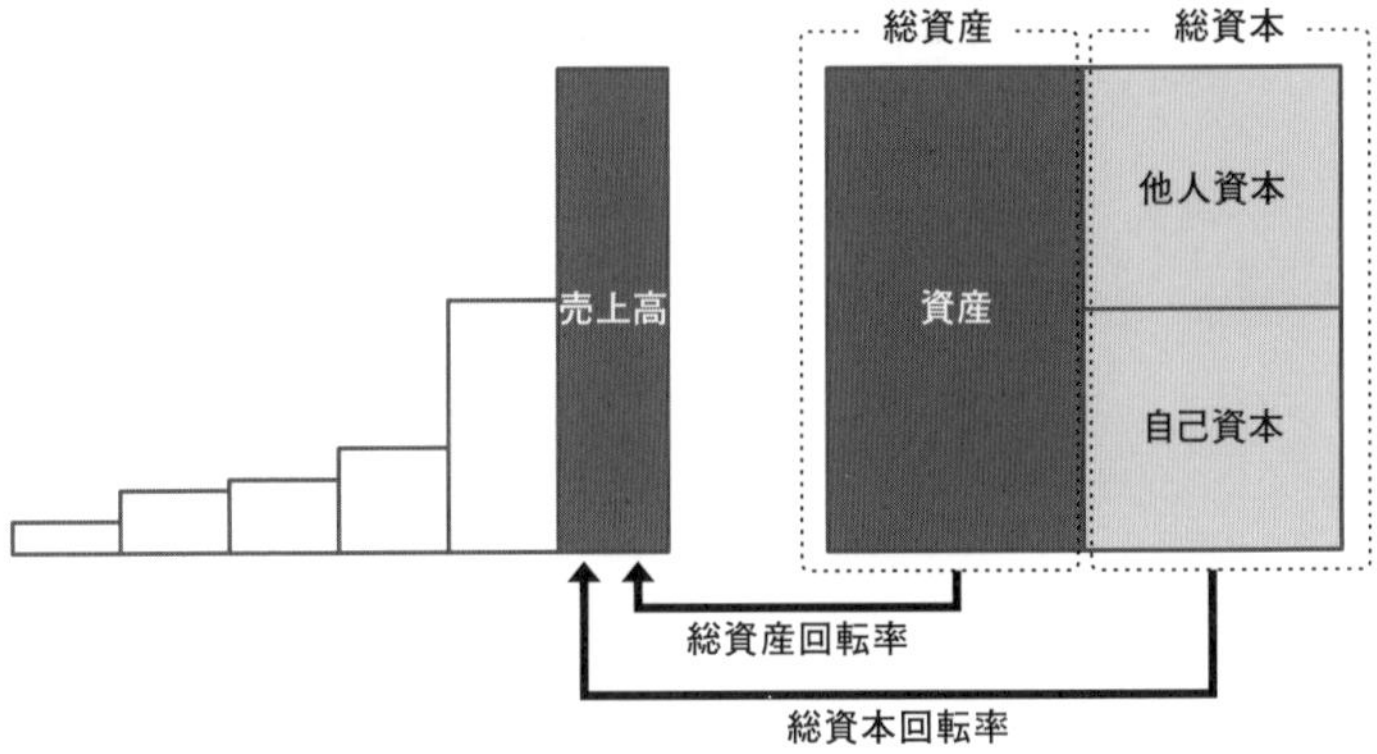

を活用しているといえます。

飲食業に限らず、あらゆるビジネスは「資金を調達し、何らかの資産に投資し、その投資した資産を活用して売上を獲得する」構造になっています。

会社の業績としては売上や利益の大きさが注目されますが、総資産回転率は**「そもそもその売上はいくらの資金（資産）から生み出されたのか？」**という重要な情報を教えてくれるものです。

例えば、「売上高1億円で資産2億円」の会社と、「売上高1億円で資産5000万円の会社」とでは、圧倒的に後者の会社の資産効率のほうが優れています。

総資産回転率は、前者が0・5回

資産効率が低い会社、高い会社

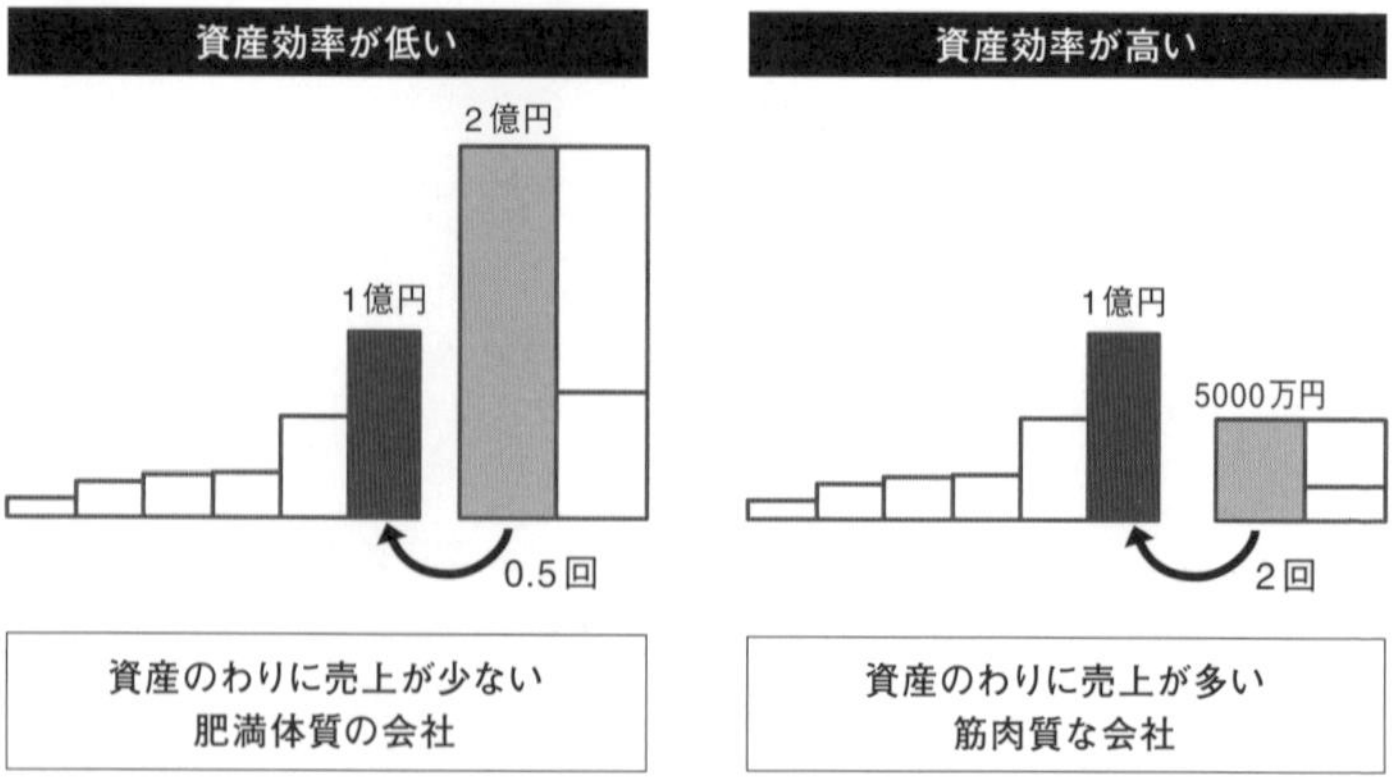

（1億円÷2億円）、後者が2回（1億円÷5000万円）。売上高は同じでも、少ない資産でその売上高を生み出しています。

無駄な贅肉（遊休資産や滞留在庫など）がついていると、総資産回転率は低くなります。逆に、余計な資産を抱えていない筋肉質な会社は、総資産回転率が高くなります。

3つの視点で考える

総資産回転率は、資産全体の活用度を測る指標ですが、その要因分析をする際には、総資産回転率だけ眺めてもだめです。そんなときは、総資産回転率を細分化した、固定資産回転率、売上債権回転率、棚卸資産回転率が役立ちます。吉野家ホールディングスとペッパーフードサービスの総資産回転率を細分化してみると、何が要因でペッパーフードサービスの総資産回転率のほうが高くなっているのかが見えてきます。

固定資産回転率は、固定資産に対して売上高がどのくらいあるかを示す指標です。保有している固定資産を効率的に運用しているかどうかがわかります。数字が大きいほど、固定資産を効率的に活用しているということを意味します。例えば、巨額の設備投資をしたにもかかわらず固定資産回転率が低下していたら、その設備投資が売上につながっていない、不採算の経営に陥っているシグナルになります。

売上債権回転率は、貸借対照表の「売上債権」に対して損益計算書の「売上高」がどのくらいあるのかを示す指標です。売上債権は、期末時点で残っている受取手形と売掛金の金額を表します。一方、売上高は年間を通じた売上高です。つまり1年間で何回売上債権を回収できたかを示す指標です。数字が大きいほどスムーズに販売代金を回収できていることを意味します。

棚卸資産回転率は、商品や製品の在庫など、「棚卸資産」の回転率を示す指標です。「棚卸資産」に対して「売上高」がどのくらいかを示します。言い換えれば、在庫の回転率がどのくらいかを表す指標です。数字が大きいほど年間でさばいた在庫金額が

総資産回転率は「3つ」に分けられる

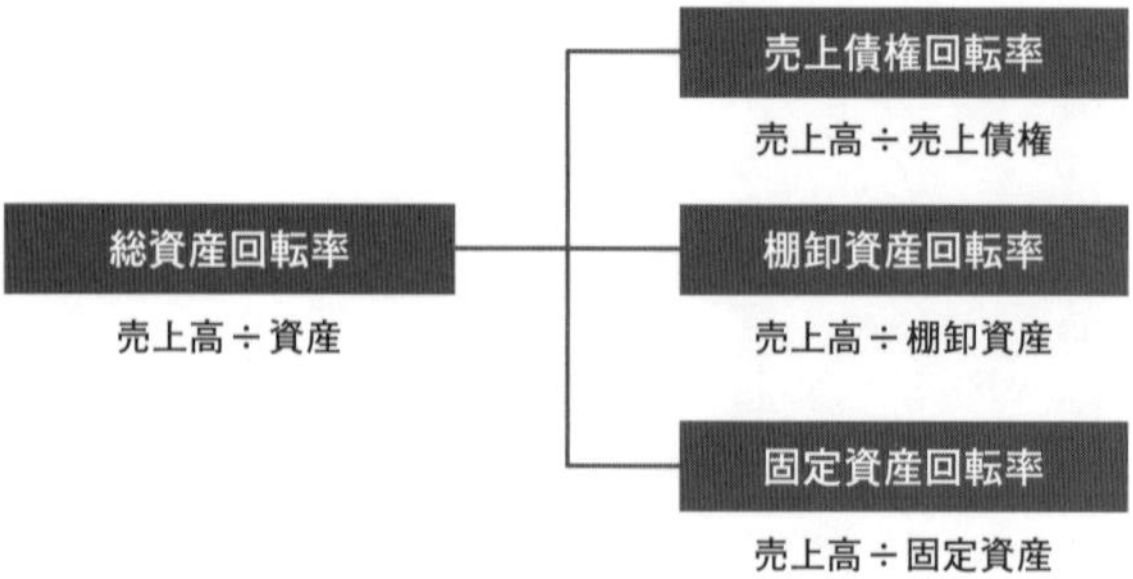

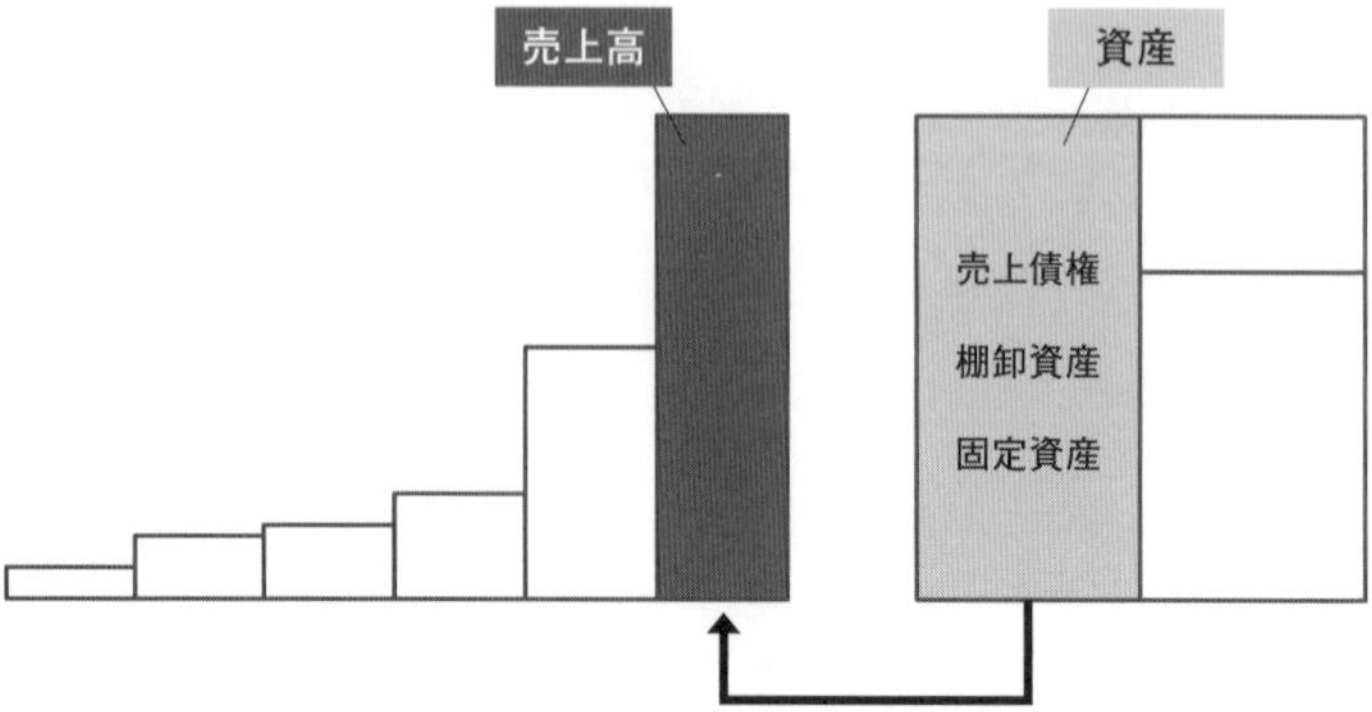

多いということを意味します。

飲食業の場合、店舗内装設備や什器などの有形固定資産と、テナントとして入居するときに差し入れる保証金が、資産全体の多くを占めます。現金決済が多いBtoCビジネスのため、売上債権の割合は少なく、また、棚卸資産は食材など都度仕入れるものなので、大量に在庫を保有する必然性はないからです。

特に、吉野家やいきなり！ステーキは、賞味期限がそれほど長くない牛肉をメインにした飲食店なので、棚卸資産の金額自体は小さいでしょう。

そのため2社の総資産回転率を左右するのは、固定資産回転率といえそうです。計算してみると、吉野家ホールディングスの固定資産回転率は2・6回、ペッパーフードサービスの固定資産回転率は4・7回という結果が浮かび上がりました。

固定資産回転率
吉野家ホールディングス　売上高2024億円÷固定資産784億円＝2・6回
ペッパーフードサービス　売上高635億円÷固定資産134億円＝4・7回

冒頭で説明した総資産回転率では、1・8回と2・4回という割と近い数値でしたが、飲食業で重要な意味を持つ固定資産回転率では2倍近くの差です。ペッパーフード

2社の売上債権、棚卸資産、固定資産の割合

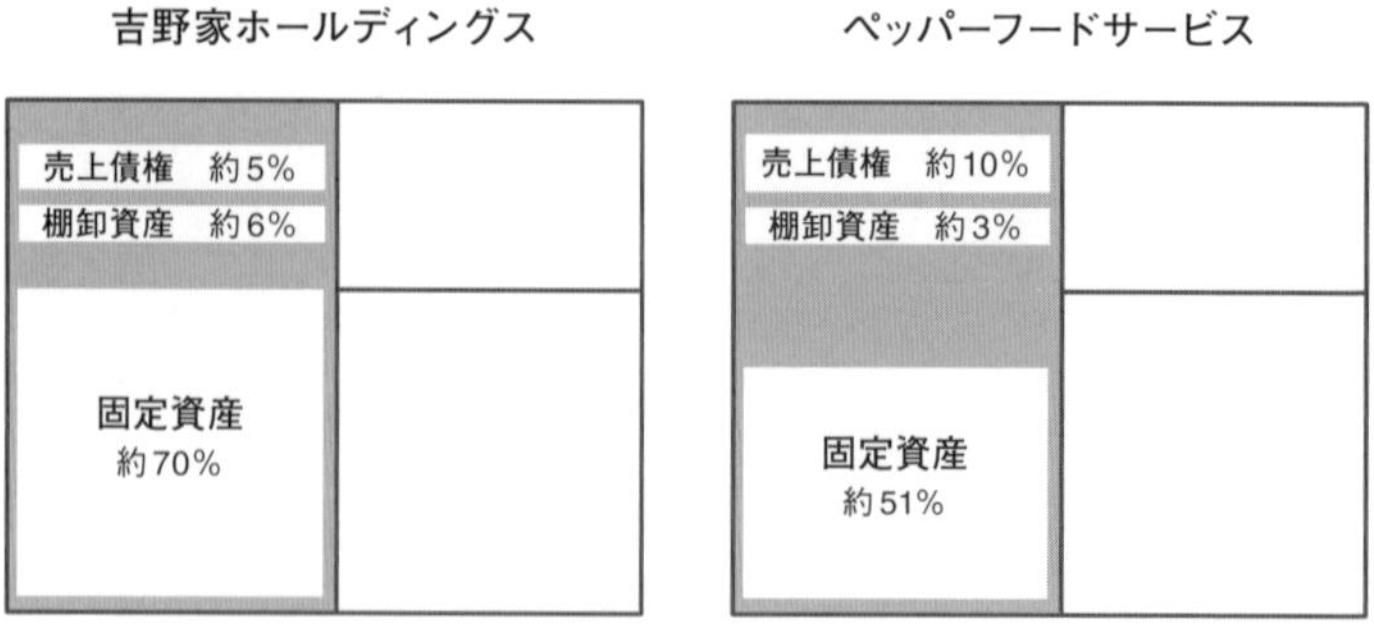

カギをにぎるのは固定資産

サービスの総資産回転率が高い要因は、固定資産の活用にありそうです。詳しく見ていきましょう。

1店舗当たりで比較する

1店舗当たりの有形固定資産を計算してみると、吉野家ホールディングスのほうがペッパーフードサービスよりも多額です。店舗面積などにも左右されるので一概にはいえませんが、ペッパーフードサービスは出店するときの初期投資を低く抑えていて、それが総資産回転率の高さにつながっているといえます。次ページの図を見てください。

1店舗当たりの数字で比較する

	吉野家ホールディングス	ペッパーフードサービス
1店舗当たりの有形固定資産	1400万円	1100万円
1店舗当たりの売上高	5900万円	7900万円

（期末の店舗数をもとに算出）

初期投資が低く、
店舗当たりの売上も多い

また、1店舗当たりの売上高は、ペッパーフードサービスのほうが吉野家ホールディングスよりも大きいのです。初期投資を抑えつつ高い売上高を実現しているといえそうです。

飲食業の売上高は、客単価×客数なので、両社の価格帯の違いも総資産回転率の違いに影響を及ぼします。

吉野家は、安さを武器にたくさんのお客を呼び込んでいます。牛丼並盛が売れ筋メニューなので、客単価の多くは500円未満でしょう。

一方、いきなり！ステーキは、ランチメニューでも1000円を軽く超えます。「普通のレストランで食べるよりもリーズナブルな値段で高級ステーキ肉を食べられる」というコンセ

飲食業の総資産回転率を上げる戦略

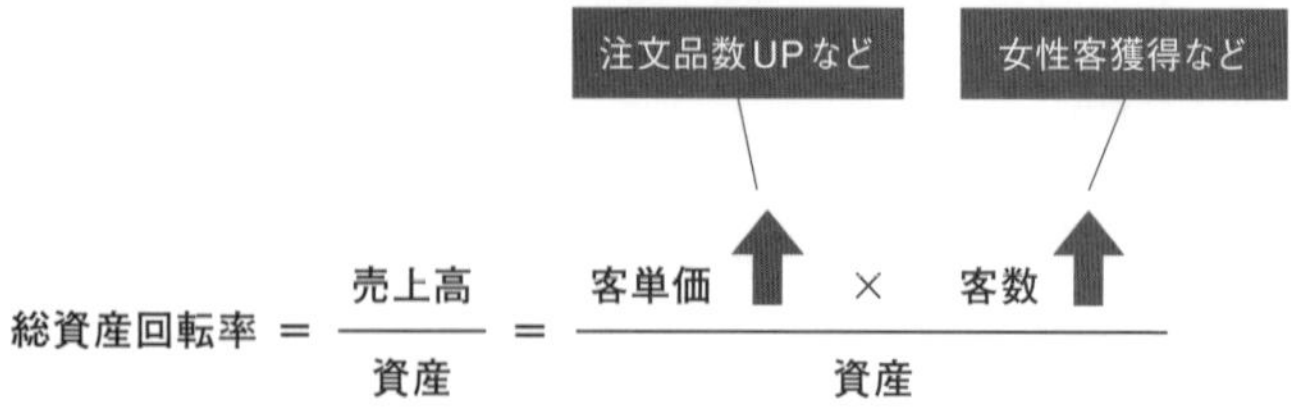

プトですので、絶対額としては高めです。

恐らく、客数としては吉野家のほうが多いでしょうが、客単価ではいきなり！ステーキのほうが2倍以上ですので、客数と客単価を掛け合わせた総額はペッパーフードサービスのほうが勝っているといえるでしょう。

飲食業の次なる戦略は？

ただし最近は、いきなり！ステーキも立ち食いだけでなく、椅子席がある店舗を増やしているようです。

吉野家もキャッシュ＆キャリー型店舗といって、「先にレジで注文し、できあがった料理を客自身が席に運ぶ」というスタイルのカフェのような内装の店舗を増やしているようです。

これにより、吉野家もいきなり！ステーキも、顧客滞在時間が長くなり、客数が減少するかもしれません。

しかし、売上高は「客単価×客数」で構成されているため、女性客など新たな顧客層を開拓し、かつ、客単価を上げることで、一定の売上高を保ち、全体としての総資産回転率を維持する戦略に舵を切ったと考えられます。

Point

投資した資産をいかに売上高に結びつけるかが重要

コラム２

企業会計は3つに分類できる

【財務会計】

財務会計は、株主や銀行などの企業外部の利害関係者向けに作成公表されるものです。財務諸表や決算書と呼ばれる書類は、財務会計のルールに基づいて作成されます。株主や銀行は、その企業の業績がどうなっているのかを同業他社や業界水準と比較して判断します。そのため、財務諸表の作成は義務づけられ、その作成方法も明確に決められています。

【管理会計】

管理会計は、経営者や管理職など、企業内部の関係者向けに作成されるものです。部門別損益計算書や変動損益計算書などは、企業の方針に基づいて作成されます。これは法令等で強制されるものではなく、企業が任意で行うものですが、儲かっている会社はほぼ例外なく、きちんとした管理会計を行っています。

【税務会計】

税務会計は、厳密には財務会計の一種です。税法のルールにしたがって税務申告書を作成します。税務会計は、大部分は財務会計と同じです。しかし財務会計が「適正な利益の計算」を目的にしているのに対し、税務会計は「納付すべき税金の計算」が目的のため、両者の計算方法に少しズレがあります（詳細は他書に譲ります）。

この3つはそれぞれバラバラに存在しているわけではなく、財務会計の数値を、管理会計用や税務会計用にカスタマイズしているのが実態なのです。

つまり、財務会計用に作成された財務諸表を、経営者などが管理しやすいように数字を細分化したり加工したりして作られるのが管理会計です。同様に、税務申告をするために、財務諸表の数値を調整して税金を計算するのが税務会計です。

製作所

VS

TDK

第9章

株主にとって魅力的なのはどっち？

ROE

村田製作所 vs TDK

電子部品メーカーの、村田製作所とTDK。
電子機器に不可欠な部品を手掛ける縁の下の力持ち。
果たしてどちらのほうが儲かっているのか？
近年脚光を浴びる「ROE」という経営指標をもとに、
両社の儲けを比べてみよう。

iPhoneなどのスマートフォンには、非常に多くの電子部品が搭載されています。その電子部品を製造している部品メーカー大手の村田製作所とTDKを比較します。株主視点で見た場合の重要指標であるROE（自己資本利益率、Return On Equityの略）で比較し、株主にとってどちらのほうが魅力的な会社なのかを分析しましょう。なお、2社とも日本の会計基準ではなく、米国会計基準を適用しています。

ROE
村田製作所　12.9%
TDK　9.4%

ROE（%）＝当社株主に帰属する当期純利益÷自己資本×100

※分子が期首から期末までの獲得利益であり、分母もこれに対応させるため、厳密な計算式は、自己資本は期首と期末の平均値を使いますが、ここでは簡便的に期末の自己資本を分母として計算しています。また、「当社株主に帰属する当期純利益」のことを端的に「当期純利益」と表記します。

2社の決算書を比較！

損益計算書

（単位：百万円）

	村田製作所（2018年4月1日～2019年3月31日）	TDK（2018年4月1日～2019年3月31日）
売上高	1,575,026	1,381,806
営業利益	266,807	107,823
税引前当期純利益	267,316	115,554
当期純利益	206,959	82,550
当社株主に帰属する当期純利益	206,930	82,205

貸借対照表

	村田製作所（2019年3月期）	TDK（2019年3月期）
資産の部		
流動資産	933,941	922,485
有形固定資産	856,453	603,110
のれん	78,389	164,794
無形固定資産	47,526	88,693
繰延税金資産	42,065	35,238
その他の資産	90,519	178,160
資産合計	2,048,893	1,992,480
負債の部		
流動負債	259,771	714,320
固定負債	184,582	394,404
負債合計	444,353	1,108,724
資本の部		
資本金	69,444	32,641
資本剰余金	120,702	5,958
利益剰余金	1,493,697	980,085
その他の包括利益	△26,273	△124,435
自己株式	△53,594	△16,959
株主資本合計	1,603,976	877,290
非支配持分	564	6,466
資本合計	1,604,540	883,756
資本・負債合計	2,048,893	1,992,480

自己資本利益率（ROE）は、株主から出資を受けた資金を使ってどのくらい利益を稼いだのかを表す指標です。ROEのパーセンテージが高いほど効率的に利益を稼ぎ出していることを意味し、業種により異なりますが、おおむね**8%程度が目安**です。

ROEとは株の利回り

村田製作所とTDKのROEを比較してみると、村田製作所のほうが高い数値となりました。どちらも一般的な水準よりも高いですが、株主（投資家）にとってより魅力的なのは村田製作所になります。

では、なぜROEが高いと魅力的なのでしょう？

ひと言でいえば、ROEは株の利回り（金利）だからです。

例えば、あなたが今、1000万円の余裕資金を持っているとします。仮に全額をタンスの中にしまっておいたとしたら、1年後も1000万円のままです。定期預金に預けたとしても、今の金利水準は0・01%ぐらいなので、1年後に増える金額はたったの1000円です。

その点、株式投資は元本保証がない分、利回りは高くなります。TDKに投資すれ

ROEのイメージ

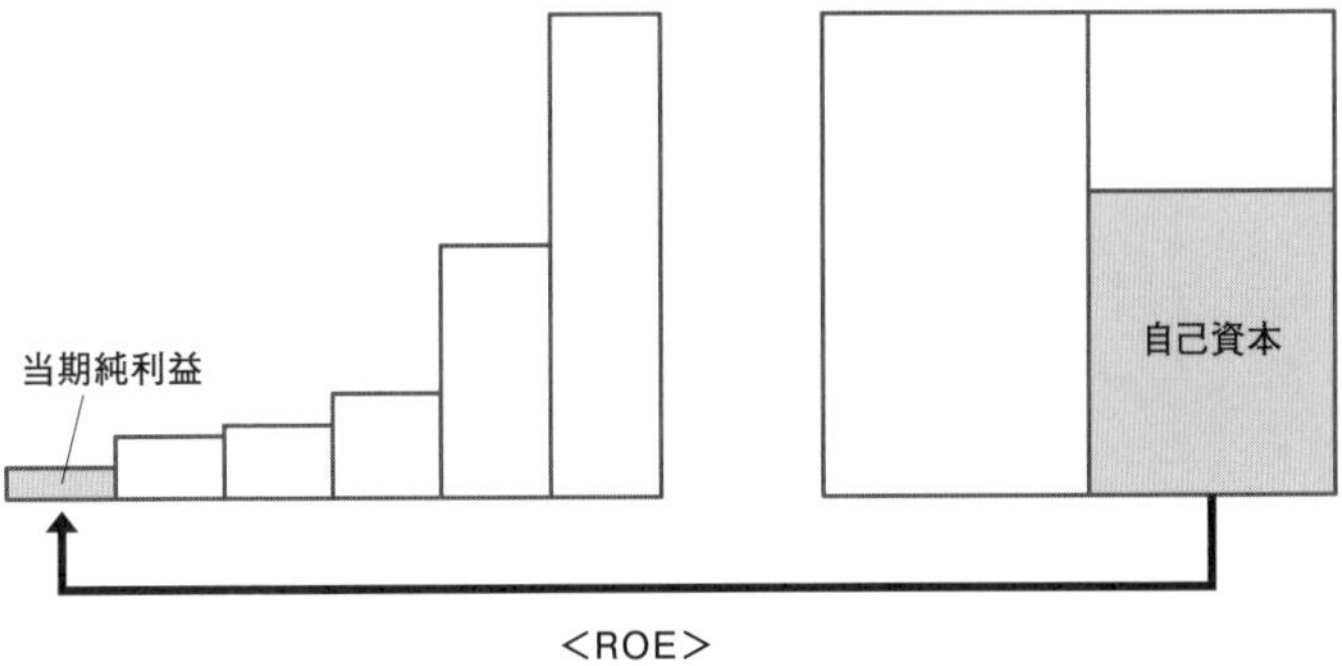

ばＲＯＥは９・４％ですので、１年後に94万円増えます。村田製作所なら１２９万円です。利益すべてが配当されるわけではありませんが、利益の増加は株価にも反映されるので、株主にとってはリターンとなります。

リスクをとって投資するなら、高いリターンを出してくれる企業に投資する。こう考える投資家はたくさんいます。ＲＯＥが高い会社の株は〝買い〟が増えて、さらに株価が上昇する傾向にあります。だから、ＲＯＥが高い会社は投資家にとって魅力的に映るのです。

これがＲＯＥは注目度が高い指標といわれるゆえんです。もちろん、ＲＯＥが高くなりやすい業種もあれば、低

2社のROEの推移

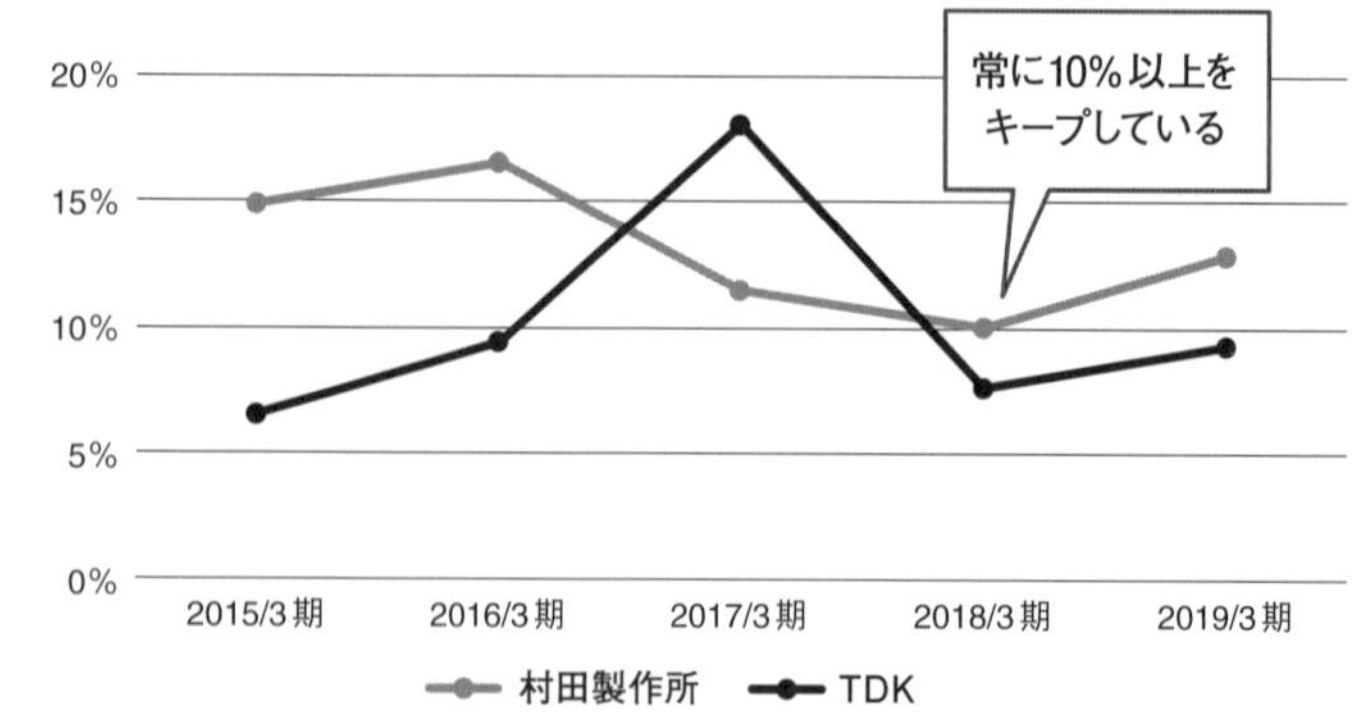

くなりやすい業種もあります。しかし投資家は「この業種はＲＯＥが低く出やすいから」といって下駄をはかせることはしません。業種に関係なく、より高いリターンを上げてくれる会社を投資先として選定します。

では、２社のＲＯＥの推移を見てみます。上のグラフの通り、村田製作所はＲＯＥ10％以上を継続して維持しています。これに対してＴＤＫは、基本的にずっと10％未満に甘んじています（２０１７年３月期だけ飛び抜けてＲＯＥが高くなっていますが、これは事業譲渡益という特殊要因によるものです）。

ＴＤＫも決して低いわけではありませんが、10％を維持し続ける村田製作所は非常に優秀です。

投資家の立場からすれば、より高いROEを期待しますが、実は企業にとってはROEの維持向上は非常に難しいのです。

ROEは「維持」するのも難しい

例えば、ROE10％の会社が毎年同じ金額の純利益をあげ続けたとします。その純利益は期末の利益剰余金に加算されます。利益剰余金は自己資本の一部を構成するもの。つまり、獲得した利益の分だけROEの分母である自己資本が膨らんでしまいます。一方、ROEの分子は利益なので、前年と同額の利益しか稼げなかったら、ROEは徐々に低下してしまいます。

つまり、**ROE10％を維持するためには、少なくとも利益の伸び率も10％を達成しなければならない**のです。

ROE9・4％のTDKは、利益の伸び率9・4％が必要となり、ROE12・9％の村田製作所は利益の伸び率12・9％が必要となります。

もちろん、これは無配だった場合です。利益のうち一部を株主配当に回せば、ハー

ROE10%を維持し続けるには?

毎年一定額の利益を計上しただけではROEは下がっていく

	1年目	2年目	3年目	4年目	5年目
利益	100	100	100	100	100
自己資本	1000	1100	1200	1300	1400
ROE	10.0%	9.1%	8.3%	7.7%	7.1%

無配の場合、利益伸び率10%(ROEと同率)でROEを維持できる

	1年目	2年目	3年目	4年目	5年目
利益	100	110	121	133	146
自己資本	1,000	1,100	1,210	1,331	1,464
ROE	10.0%	10.0%	10.0%	10.0%	10.0%

配当性向30%の場合、利益伸び率7%(ROE×(1ー配当性向))でROEを維持できる

	1年目	2年目	3年目	4年目	5年目
利益	100	107	114	123	131
自己資本	1,000	1,070	1,145	1,225	1,311
ROE	10.0%	10.0%	10.0%	10.0%	10.0%

ドルは下がります。仮に配当性向（純利益のうち配当に回した金額の割合）が30％だとしたら、利益伸び率7％以上というハードルになります。

ＴＤＫも村田製作所も配当性向はおおむね30％ぐらいですので、ＴＤＫは9・4％×0・7＝6・58％、村田製作所は12・9％×0・7＝9・03％が、ＲＯＥ維持に必要な最低限の利益伸び率となります。

つまり、利益が同水準でもＲＯＥが維持できるのは、その利益の全額を配当などの株主還元に回したときに限ります。

もちろん、他の要因でもＲＯＥは変動しますので、話はそれほど単純ではありません。ただ、株主に還元せずに利益を内部留保としてため込むなら、それなりの覚悟が必要です。相応の増益につながるように再投資をしなければならないからです。

ではここで、なぜ村田製作所がＴＤＫよりもＲＯＥが高いのか、その要因を考察しましょう。ＲＯＥを分解することで要因が見えてきます。

ＲＯＥは3つに分解できる

ＲＯＥは自己資本に対してどのくらい利益をあげたかを表す指標です。当期純利益

ROEは「3つ」に分解できる

$$\text{ROE} = \frac{\text{当期純利益}}{\text{自己資本}} = \frac{\text{当期純利益}}{\boxed{\text{売上高}}} \times \frac{\boxed{\text{売上高}}}{\boxed{\text{資産}}} \times \frac{\boxed{\text{資産}}}{\text{自己資本}}$$

当期純利益率　総資産回転率　財務レバレッジ

複雑に見えるが、「売上高」と「資産」が打ち消し合うので、計算結果は同じ

を自己資本で割って算出しますが、実はROEは、上の図のように3つに分解できます。

売上高と資産が、分母と分子の両方に入っていますので、両方が打ち消されて分子の当期純利益と分母の自己資本だけが残るため、計算結果としては、分解前も分解後も同じです。

つまり、ROEは、当期純利益率と総資産回転率と財務レバレッジを掛け合わせたものなのです。

当期純利益率は収益性、総資産回転率は効率性、財務レバレッジは負債の活用度を表す指標です。このようにROEは「収益性」と「効率性」と「負債の活用度」の3つの要素で成り立っていることがわかります。ROEを分

2社のROEを分解する

	ROE		当期純利益率		総資産回転率		財務レバレッジ
村田製作所	12.9%	=	13.1%	×	0.8回	×	1.3倍
TDK	9.4%	=	5.9%	×	0.7回	×	2.3倍

※当期純利益率・総資産回転率・財務レバレッジの値は、小数点以下第2位を四捨五入して表示しています。そのため、3つをかけ合わせた計算結果とROEの値はわずかにズレます。

解することで、この3つの要素のうち、どれがROEを高めているのかが見えてきます。村田製作所とTDKのROEを分解してみると、上の図のようになります。

ROEの3つの構成要素を比較してみると、当期純利益率に最も大きな開きがあります。村田製作所の当期純利益率はTDKの2倍以上です。これに比べて、総資産回転率は両社の違いがほとんどなく、財務レバレッジに至っては逆にTDKのほうが高いぐらいです（財務レバレッジは負債の活用度を表したもので、高ければ高いほど積極的に負債［他人資本］で資金調達していることを意味します）。

つまり、負債の活用度の低さを補っ

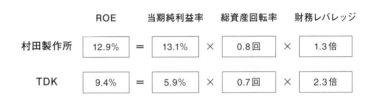

て余りあるぐらい、圧倒的なまでに高い収益性が、村田製作所の強さの要因といえるでしょう。

ROEを上げるには?

では、TDKがROEを引き上げるためには、どんな対策が有効となるでしょうか。在庫の圧縮(保有在庫の減少)や遊休資産(使っていない土地や建物など)の売却などで資産のスリム化を図るのはどうでしょうか。

確かに総資産回転率が上昇しますが、スリム化した分だけ負債を圧縮(資産を売却して現金化し、その現金で借入金の返済に充当するなど)したら、財務レバレッジが低下しますので、ROE向上には直接結びつきません。

スリム化した資産の金額を、自己資本の圧縮に使ったらどうでしょう。

例えば、遊休資産の売却代金で自社株買いをすることが考えられます。これなら、総資産回転率が上昇するのに加え、財務レバレッジも上昇しますので、ROE向上には有効です。

ただし、これは実際に在庫がダブついていたり、遊休資産を抱えている場合だけにとれる手段です。無理やり実行すると、在庫不足による機会損失や、生産能力の低下による売上減少が引き起こされます。そうなってしまったら、総資産回転率が低下してしまうので、ＲＯＥ向上にはつながりません。

また、財務レバレッジは自己資本比率の逆数ですので、やりすぎは危険です。財務的な安全性が損なわれてしまうからです。

やはり本質的な対策としては、シェアアップにより売上を向上させ総資産回転率を上昇させるとともに、無駄なコストを排除して利益を上昇させること。そうして当期純利益率を上昇させるしかありません。

製造業の儲けのポイント

実は、粗利益率の時点ですでに、村田製作所はＴＤＫと比べて10ポイント近くの差をつけています。それが当期純利益率の大きな差となって表れているのです。次ページの表を見てください。

つまり、村田製作所はＴＤＫよりも低コストで、かつ、付加価値の高い製品を製造・販売しているということを意味します。まさに製造業としての日々の努力の積み

２社の各種利益率を比較

製造業としての
底力が表れる

10ポイント近い
差がついている

	村田製作所	TDK	両社の差
粗利益率	38.1%	28.7%	9.4%
営業利益率	16.9%	7.8%	9.1%
当期純利益率	13.1%	5.9%	7.2%

重ねが、村田製作所の今の高い収益力の土台になっているのです。

村田製作所やＴＤＫのような製造業の場合、純粋な技術力や開発力だけでなく、時代の流れや市場の需要を先読みする力が、儲けに大きく影響を与えます。

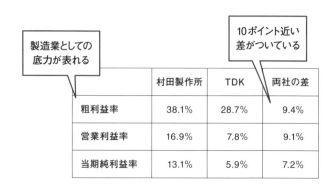

なぜなら、製造業は通常、長期にわたる研究開発や巨額の設備投資という**先行投資が必要なビジネス**だからです。そのため、製造する製品の一定量を一定の価格以上で販売できなければ、得られる利益は限定的です。最悪の場合赤字となってしまいます。

iPhoneに代表されるスマートフォンの急速な普及によって、各電子部品メーカーは大幅に業容を拡大してきました。今後も、次世代通信技術の5Gの商用化によって、電子部品の需要が伸びることでしょう。

しかし、村田製作所もTDKもスマートフォンばかりに依存しているわけではありません。時代の流れに乗るように、ラジオ、テレビ、家電、パソコンと、普及する電子機器に呼応するように、電子部品の開発を進め、需要の波に乗ってきた企業です。

今後は、自動車業界で叫ばれている「コネクティッド化」「自動運転化」「シェア／サービス化」「電動化」によって、**車載関連の電子部品の需要も増えそう**です。

ということは、借入れを増やして財務レバレッジを高め、事業投資を積極的に行うのも戦略としては正しそうです。この点、村田製作所の財務レバレッジはまだ1・3倍しかありませんので、TDKよりも引き上げ余力があるといえます。

財務的な面で見ても、村田製作所が有利な状況は今後も続くことが予想されます。

Point

収益性と効率性と負債活用度で「儲け」を深掘り

エンス

VS

ャピタル

サーズ

第10章

社員の貢献度が高いのはどっち？

1人当たり売上高

キーエンス
vs
M&Aキャピタルパートナーズ

社員の年収が高いキーエンスとM＆Aキャピタルパートナーズ。
なぜ社員に高い給与を払えるのか？
給与の源泉はどこから湧いて出ているのか？
決算書を読み解くことで、その成功要因が見えてくる。

社員の年収が高い企業は、いつの時代も注目を集めるものです。

ここでは年収ランキングの上位に来ることが多い2社を比較します。検査装置やセンサーの開発から販売までを手がけるキーエンスと、中小企業のM&Aの仲介を行うM&Aキャピタルパートナーズの2社です。業種はまったく異なる2社ですが、高い年収を支払えるだけの秘訣があるはず。その要因を探ります。

1人当たり売上高
キーエンス　1億9000万円
M&Aキャピタルパートナーズ　8600万円

平均年収
キーエンス　2110万円
M&Aキャピタルパートナーズ　2478万円

1人当たり売上高（円）＝売上高÷人数

※開示されている平均年収は親会社のみを対象にしています。1人当たり売上高もこれ

2社の決算書を比較！

親会社単体
（単位：百万円）

	キーエンス（2018年4月1日～2019年3月31日）	M&A キャピタルパートナーズ（2017年10月1日～2018年9月30日）
売上高	458,423	6,460
売上原価	90,890	2,276
売上総利益	367,532	4,183
販売費及び一般管理費	79,998	1,012
営業利益	287,534	3,171
営業外収益	3,248	5
営業外費用	544	0
経常利益	290,238	3,176
特別利益	—	—
特別損失	—	—
税引前当期純利益	290,238	3,176
法人税等	84,218	1,011
当期純利益	206,020	2,164

	キーエンス（2019年3月20日現在）	M&A キャピタルパートナーズ（2018年9月30日現在）
従業員数（人）	2,388	75
平均年齢（歳）	35.8	31.3
平均勤続年数（年）	12.1	3.31
平均年間給与（円）	21,106,666	24,781,000

に合わせ、親会社単体の売上高と親会社単体の従業員数をもとに算出しました。

社員の平均年収で比べてみると、キーエンスが２１１０万円、M&Aキャピタルパートナーズが２４７８万円です。**日本人の平均年収は４００万円台**ですので、その５～６倍の年収になります。両社ともかなりの高給とりといえます。

上場企業は、社員の平均年収を有価証券報告書に必ず記載しなければなりません。有価証券報告書の「第１　企業の概況　５．従業員の状況」が掲載場所です。年間平均給与のほか、平均年齢、平均勤続年数も記載されています。対象は提出会社、つまり親会社のみとなりますので、子会社の社員の年収は平均年収の中には含まれていないことに留意が必要です。

キーエンスが圧勝。驚異の製造原価明細書

年収では、キーエンスよりもM&Aキャピタルパートナーズのほうが上ですが、１人当たり売上高で比較してみると、キーエンスが**１億９０００万円**なのに対し、M&Aキャピタルパートナーズは**８６００万円**です。つまり、社員１人当たりの売上への

貢献度は、キーエンスのほうが圧倒的に上です。

俗に「会社員は自分の給料の3倍稼いで1人前」といわれますが、キーエンスの社員は年収の約9倍も稼いでいるのです。高給とりであるのは、会社への貢献度が高いからといえます。それでは、キーエンスの高年収の理由を探ってみましょう。

社員の給与は、会計的には人件費です。給与が高ければ高いほどコストが膨らみ、利益を圧迫します。ところが、２０１９年3月期のキーエンスは**営業利益率が62・7％**（単体ベース）。キーエンスが属する**電気機器業界の平均の営業利益率は6％程度**なので、この数値は驚異的です。

キーエンスの営業利益の源泉を知るためには、粗利益を確認しましょう。なぜなら、粗利益から販売費及び一般管理費を差し引いて残った利益が営業利益なので、粗利益が大きくなければ、営業利益も大きくならないためです。

キーエンスの２０１９年3月期の粗利益率を見てみると80・2％（単体ベース）もあります。製造業の粗利益率はせいぜい20〜30％程度が平均なので、80％越えの数値は常識的にはありえません。

たったの19・8％の原価率で、どうやって商品を製造しているのでしょうか。その内訳が書いてあるのがキーエンスの「製造原価明細書」です。

キーエンス単体の製造原価明細書は、２０１９年3月期の有価証券報告書の中で開示されています。これを見ると、製造原価全体の**73・2%**が材料費で占められており、工場に勤務する社員の人件費を意味する労務費はわずか**3・1%**にすぎません。機械など固定資産の減価償却費はさらに小さい金額です。その代わり、外注加工費が**15・4%**を占めます。

製造している製品や工場のオートメーション化の度合いによって差があるため、一般的な構成比というものはありません。しかし、少なくとも労務費が10%を下回っていることから、キーエンスは**「ファブレス経営」**を行っていると想像できます。

ファブレス経営とは、自社で工場を持たずに、外部に製造を委託する方式のことです。日本ではユニクロを展開するファーストリテイリング、米国ではiPhoneのアップルが有名です。しかし、両社の粗利益率を見てみると、ファーストリテイリングは約50%、アップルは約40%と、キーエンスの80・2%には遠く及びません。

では、キーエンスは下請け企業に不当に低い報酬で商品を作らせているのでしょうか。いや、いくら金額をたたいたとしても、ここまで原価を圧縮することはできないでしょう。

つまり「単にファブレス経営だから」という理由だけでは、キーエンスの高粗利益率の説明はつきません。粗利益は売上高から原価を差し引いたものです。したがって、もうひとつの要素である売上高に理由があるはずです。理由は3つあります。

キーエンスの製造原価明細書

区分	注記番号	前事業年度（自 2017年3月21日 至 2018年3月20日）金額（百万円）	構成比（%）	当事業年度（自 2018年3月21日 至 2019年3月20日）金額（百万円）	構成比（%）
Ⅰ 材料費		70,106	74.7	72,395	73.2
Ⅱ 外注加工費		14,516	15.5	15,261	15.4
Ⅲ 労務費		2,800	3.0	3,095	3.1
Ⅳ 経費					
1 減価償却費		1,307		1,652	
2 製造消耗品費		1,956		2,273	
3 その他		3,167		4,263	
経費計		6,431	6.9	8,189	8.3
当期総製造費用		93,855	100.0	98,941	100.0
期首仕掛品たな卸高		4,802		6,368	
他勘定振替高	2	3,788		5,691	
期末仕掛品たな卸高		6,368		5,674	
当期製品製造原価		88,500		93,943	

キーエンスの「3つの強み」とは

原価に比べて高い売値で販売できる理由の1つ目は、**商品の値決め方法**にあります。普通、商品を作るのに要する原価を積み上げ、そこに一定の利益を上乗せして売値を決めますが、キーエンスは違います。「顧客が支払ってもいいと考える金額」を把握し、それに応じて売値を決めているのです。

例えば、製造過程で不良品が一定の割合で出て困っている工場があるとします。仮に「不良品1個が出たら100万円の損失」となる場合、毎年10個の不良品が発生するならば、5年で5000万円の損失が出ます。

キーエンスの検査装置を導入して不良品を未然に防げるならば、顧客にとって「払ってもいい上限金額」は5000万円でしょう。もし、検査装置の売値が4000万円であれば、喜んで購入するでしょう。たとえ、その商品の原価が800万円だとしてもです。

2つ目の理由は、**徹底した顧客ニーズの収集**です。

同様の検査装置を他社でも作っていたら、結局はその会社との価格競争に巻き込まれることになります。そうならないように、キーエンスは顧客ニーズを徹底的にヒアリングし、顧客の真の困りごとを膨大に集め、データベース化して商品開発につなげ

キーエンスの高収益を支える3要素

①値決め	顧客が感じる価値に応じた、柔軟な価格設定
②ニーズの収集	オンリーワン製品の開発で価格競争に巻き込まれない
③直販体制	中間マージンなし。さらに、顧客の困りごとを聞き出せる

ています。

その結果、今までにないオンリーワンの商品が生まれています。類似商品が他にないので、顧客としては、高くてもキーエンスしかないのです。

顧客から頼まれたものだけを作るのではなく、現場のことを理解した上で、顕在化していないニーズもとらえて顧客に提案する「コンサルティング営業」がキーエンスの売りです。

さらに、同じような困りごとを抱えている企業へ横展開して営業することで、収益力はますます増大します。横展開は国内企業にとどまらず、海外企業にも広げており、海外売上高比率は現在50％を超えています。

3つ目は、**顧客への直接販売体制**です。

普通は販売チャネルを増やすために、代理店を使って商品を販売するものです。しかしキーエンスは、代理店を使わずに、最終顧客に直接販売しています。そのため、代理店に中間マージンをとられることなく、利益を丸ごと自社のものにすることができるのです。しかも、顧客とダイレクトに接する機会が増えるため、顧客ニーズの収集に役立つというメリットもあります。

売上原価の大半は人件費

では、これに対してM&Aキャピタルパートナーズはどうでしょう。

2018年9月期のM&Aキャピタルパートナーズの営業利益率は49・1%、粗利益率は64・8%となっています。M&Aの仲介というサービスを提供する会社なので、「売上原価があまりかからない」のは納得のいくところです。

実際にM&Aキャピタルパートナーズの売上原価の内訳を「売上原価明細書」で確認してみると、売上原価に占める人件費の割合は**75・5%**もあります。つまり原価のほとんどが社員に対する給料ということです。裏を返せば、それ以外はコストがほと

M&A キャピタルパートナーズの売上原価明細書

		前事業年度（自 平成28年10月1日 至 平成29年9月30日）		当事業年度（自 平成29年10月1日 至 平成30年9月30日）	
区分	注記番号	金額（千円）	構成比（%）	金額（千円）	構成比（%）
Ⅰ 人件費	※1	1,651,451	84.2	1,718,344	75.5
Ⅱ 経費	※2	311,036	15.9	558,029	24.5
当期売上原価		1,962,487	100.0	2,276,374	100.0

んどかからない儲けやすいビジネスといえます。だからこそ、社員に高額の給料を支払っても高い利益率を維持できるのです。

世の中にあまたあるM&A仲介会社の中で、M&Aキャピタルパートナーズの特徴は、**着手金無料**という点です。

一般的には、着手金が支払われてから譲渡先候補を選定するのが普通です。会社の譲渡（売却）を考えている中小企業経営者にとっては、買い手が見つかるとも限らないのに、事前に報酬を支払うのは抵抗があるでしょう。

そこで、着手金を無料にし、譲渡先企業との基本合意がなされて初めて報酬が発生するというスキームにしたのです。つまり、成功報酬型にすることで、譲渡を考えているオーナーの心理的ハードルを下げ、たくさんのM&A案件を抱えることに成功しました。

M&A仲介のようなマッチングビジネスは、顧客（売り手と買い手双方）をたくさん抱えている仲介会社に依頼が集まるのが通常です。顧客が少ない仲介会社よりマッチング率が高まるからです。

さらに興味深いのが、人件費の内訳です。次ページの表を見てください。内訳も売上原価明細書に注記されているのですが、なんと**人件費の約4分の3は賞与**なのです。それに比べて給料手当（おそらく固定給）は17％にすぎません。

わかりやすく1人当たりの金額で計算してみましょう。M&Aキャピタルパートナーズのコンサルタントは期末時点で64人です（残りは管理部門の人たちの人件費で、これは売上原価には計上されず、販売費及び一般管理費に計上されます）。この人数で計算すると、基本給は約450万円、賞与は約2000万円という数字が現れました。冒頭で触れた2478万円とほぼ同じ数字になります。

M&Aキャピタルパートナーズのベースの**固定給450万円は、一般的なサラリーマンの平均年収の400万円とさほど違いはありません。**しかし高額なボーナスによって、高い平均年収がもたらされているのです。

M&Aキャピタルパートナーズが顧客から受けとる金額が成功報酬、社員に支払う

M&Aキャピタルパートナーズの人件費の多くは賞与

前事業年度 （自 平成28年10月1日 至 平成29年9月30日）		当事業年度 （自 平成29年10月1日 至 平成30年9月30日）	
※1 人件費の主な内訳は次のとおりであります。		※1 人件費の主な内訳は次のとおりであります。	
給料手当	236,975千円	給料手当	294,203千円
賞与	1,322,239千円	賞与	1,317,297千円
法定福利費	87,318千円	法定福利費	101,065千円
※2 経費の主な内訳は次のとおりであります。		※2 経費の主な内訳は次のとおりであります。	
外注費	190,540千円	外注費	380,578千円
旅費交通費	108,236千円	旅費交通費	156,558千円

給与もほとんどが賞与（インセンティブ給や業績連動給与）。ゆえに、**売上高の増減に伴って、人件費も増減するローリスクなコスト構造**といえます。

中小企業の社長の高齢化と後継者不足により、事業承継に悩む中小企業の経営者が増えています。二代目社長がいないからといって、せっかく育てた会社を畳んでしまうのは、もったいないことですし、日本経済全体にとっても損失です。

そこで、自社を信頼できる会社に売却するというM&Aの手法が、中小企業の間で脚光を浴びています。このような時流に乗り、同社のM&Aの成約件数や売上高は年々増え、これに伴って人件費（社員の平均年収）も増えて

高い年収のカラクリ

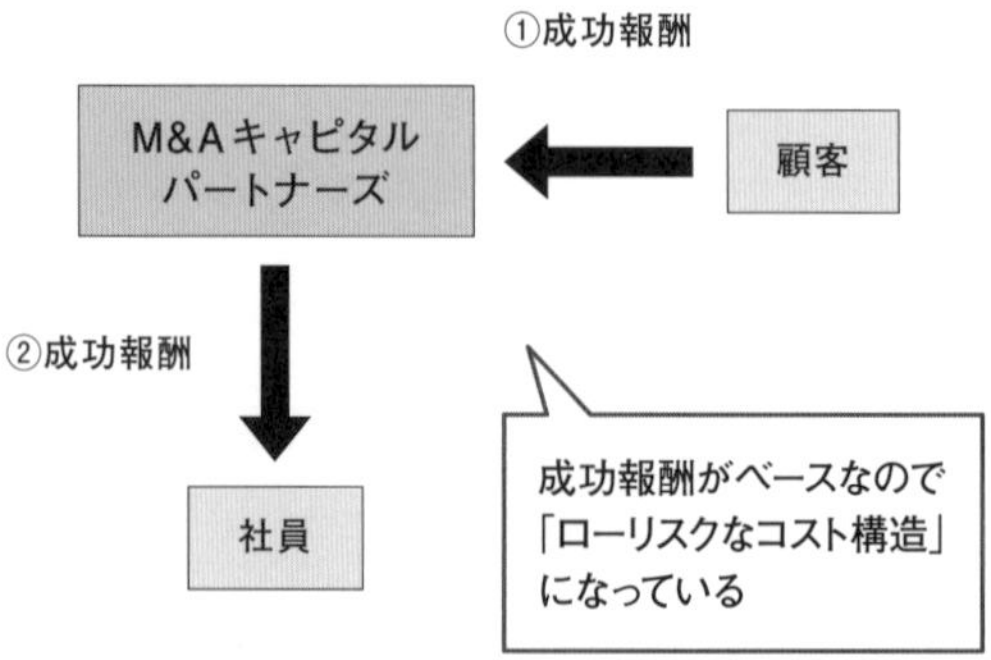

いるのです。

取締役よりも社員の給料のほうが高い

ちなみに、取締役への報酬はいくらなのかも見てみます。

役員報酬は、有価証券報告書の「第4　提出会社の状況　6．コーポレート・ガバナンスの状況等」に掲載されています。個人の報酬総額が1億円以上でなければ、個人別には開示されませんが、少なくとも役職区分別の合計報酬額は、すべての上場会社で開示が義務付けられています。役員の人数も併せて開示されていますので、役員の平均報酬が算出できます。

キーエンスの役員報酬は、取締役**1人当たり3712万円**（＝2億9700万円÷8名）でしたが、M&Aキャピタルパートナーズの役員報酬は、取締役は**1人当たり2026万円**（＝8107万円÷4名）です。

社員の平均年収と比較すると、M&Aキャピタルパートナーズの取締役は、自分たちよりも高い年収を社員に支払っているのです。

M&Aキャピタルパートナーズのように、社員と役員との年収が逆転している企業はあまり例がありません。

M&Aキャピタルパートナーズの役員陣は社員に期待し、成果を求め、そして社員はそれに応え、高い報酬を得る。この相互の信頼関係が、同社の成長の原動力となっているのでしょう。

Point

高い人件費には必ず理由がある

ップル

VS

マゾン

第11章

キャッシュを持っているのはどっち？

フリー・キャッシュ・フロー

アップル vs アマゾン

米国の巨大ＩＴ企業、アップルとアマゾン。
両社の成功の秘密はキャッシュの流れにあり。
キャッシュを生み出す力はどちらのほうが上なのか？
いかにしてキャッシュをコントロールし、
世界中を席巻してきたのか？

「巨人」たちの共通点は？

ＧＡＦＡと呼ばれる米国のＩＴ企業、グーグル、アップル、フェイスブック、アマゾンの4社は、経済全体にも大きなインパクトを与え、その勢力は衰えをまったく見せず、ますます巨大化しています。その成長力の源はどこにあるのでしょうか。iPhoneやMacBookでおなじみのアップルと、巨大ネットショップのアマゾンの2社を比較しながら、両社の強みを分析します。

ここで使う経営指標はフリー・キャッシュ・フローです。キャッシュ・フロー計算書を使った指標で、キャッシュ・フロー経営（利益よりもフリー・キャッシュ・フローの最大化を重視した経営方針）を体現している両社を比較する上では欠かせない指標といえます。

アップルもアマゾンも米国企業のため、米国会計基準で財務諸表が作成されています。当然、英文の財務諸表になりますが、恐れることはありません。財務分析をする上では日本基準も米国基準も大きな違いはありませんし、会計上使われる英語は限られています。主要科目のみを翻訳すれば、問題なく読み解くことができます。

2社の決算書を比較！

アップル

2017年10月1日～2018年9月30日
（単位：百万ドル）

現金及び現金同等物の期首残高	20,289
当期純利益	59,531
減価償却費	10,903
株式報酬費用	5,340
法人税等調整額	−32,590
その他	−444
売上債権の増減額	−5,322
棚卸資産の増減額	828
営業外未収入金の増減額	−8,010
その他資産の増減額	−423
仕入債務の増減額	9,175
前受収益の増減額	−44
その他負債の増減額	38,490
営業活動によるキャッシュ・フロー	77,434
有価証券の購入による支出	−71,356
有価証券の償還による収入	55,881
有価証券の売却による収入	47,838
有形固定資産の取得による支出	−13,313
企業買収による支出	−721
非市場性証券の取得による支出	−1,871
非上場株式の売却による収入	353
その他	−745
投資活動によるキャッシュ・フロー	16,066
普通株式の発行による収入	669
株式報酬関連の税金の支出	−2,527
配当金等の支払いによる支出	−13,712
自己株式取得による支出	−72,738
借入れによる収入	6,969
借入金の返済による支出	−6,500
コマーシャルペーパーの増減額	−37
財務活動によるキャッシュ・フロー	−87,876
現金及び現金同等物の増減額	5,624
現金及び現金同等物の期末残高	25,913

アマゾン

2018年1月1日～2018年12月31日
（単位：百万ドル）

現金及び現金同等物の期首残高	21,856
当期純利益	10,073
減価償却費	15,341
株式報酬費用	5,418
その他の営業費用	274
その他費用	219
法人税等調整額	441
棚卸資産の増減額	−1,314
売上債権の増減額	−4,615
仕入債務の増減額	3,263
未払費用その他の増減額	472
前受収益の増減額	1,151
営業活動によるキャッシュ・フロー	30,723
有形固定資産の取得による支出	−13,427
有形固定資産に関するインセンティブ収入	2,104
買収による支出	−2,186
有価証券の売却又は償還による支出	8,240
有価証券の購入による支出	−7,100
投資活動によるキャッシュ・フロー	−12,369
長期借入れによる収入	768
長期借入金の返済による支出	−668
キャピタル・リース債務の返済による支出	−7,449
ファイナンス・リース債務の返済による支出	−337
財務活動によるキャッシュ・フロー	−7,686
為替相場の変動による増減額	−351
現金及び現金同等物の増減額	10,317
現金及び現金同等物の期末残高	32,173

フリー・キャッシュ・フロー（FCF）とは？

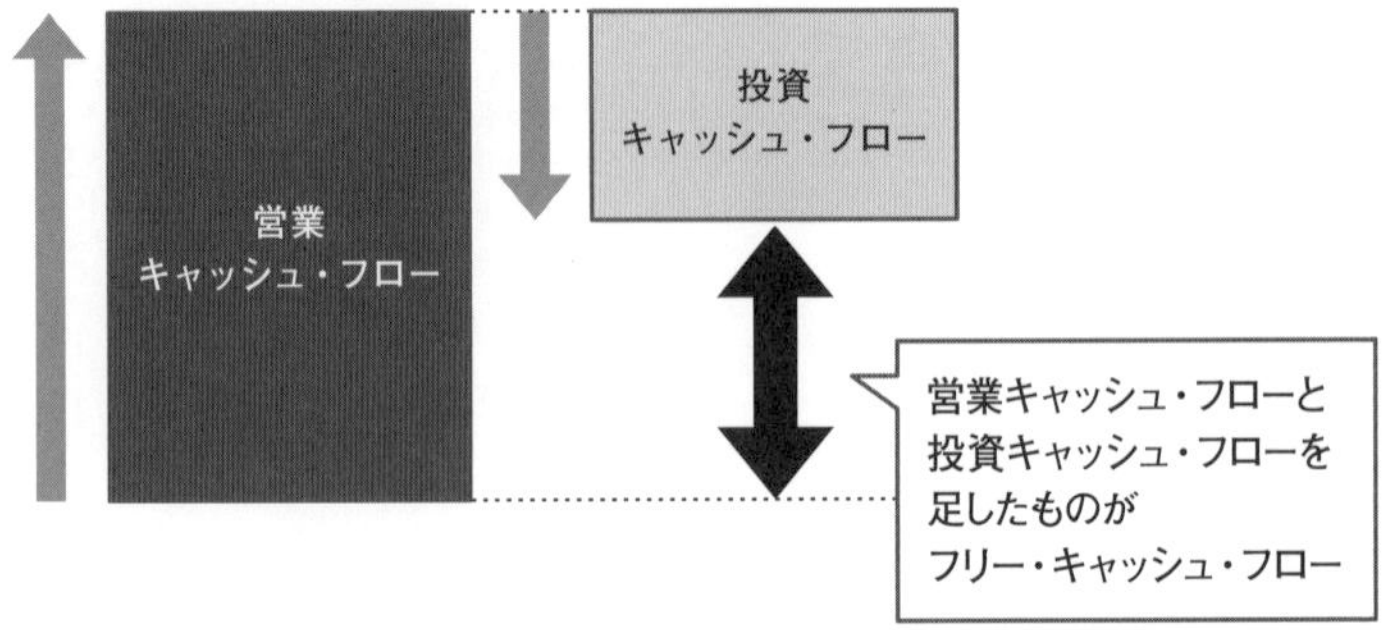
投資
キャッシュ・フロー
営業
キャッシュ・フロー
営業キャッシュ・フローと
投資キャッシュ・フローを
足したものが
フリー・キャッシュ・フロー

フリー・キャッシュ・フロー
アップル　935億ドル
アマゾン　183億ドル

フリー・キャッシュ・フロー＝営業キャッシュ・フロー＋投資キャッシュ・フロー

フリー・キャッシュ・フローは、営業キャッシュ・フローと投資キャッシュ・フローを合計した金額です。通常は、投資キャッシュ・フローはマイナスになりますので、本業での稼ぎである営業キャッシュ・フローから、事業維持のために投資したキャッシュ・フローを差し引いて残った金額となります。

フリー・キャッシュ・フローとは、会社

が自由に使えるキャッシュのことです。

借金の返済に回して財務健全化を図ってもいいし、株主還元として配当や自己株式取得に使ってもいいいし、新規事業や研究開発など戦略的な事業展開の元手として使ってもいい。まさにフリー（自由）なお金です。

フリー・キャッシュ・フローは企業価値を算出するもとになるものです。この大きさが企業価値の大きさを決めるといっても過言ではありません。

アップルのフリー・キャッシュ・フローは**935億ドル（約10兆円）**。桁外れの金額です。アマゾンはアップルには及びませんが、**183億ドル（約2兆円）**もあり、これもかなりの金額です。

フリー・キャッシュ・フローを増やす方法

アップルのフリー・キャッシュ・フローが大きい要因は2つあります。

ひとつは当期純利益の金額がそもそも大きいという点です。

595億3100万ドルもの当期純利益がありますので、それだけ営業キャッシュ・フローが大きいのもうなずけます。

もうひとつは投資キャッシュ・フローがプラスになっている点です。設備投資やM&Aなどに資金を投じ続けるのが企業の通常の姿なので、**投資キャッシュ・フローはマイナスになるのが普通**です。

逆に、プラスになっている企業は、持っている資産の切り売りで事業縮小をしている可能性があります。

アップルはプラスになっているので、何かしらの事業縮小を行っているのかと思いきや、実は中身を見てみると、単に持っている有価証券の売却（Proceeds from sales of marketable securities）や償還（Proceeds from maturities of marketable securities）でキャッシュが増えているだけなのです（「償還」とは、社債など満期が定められている有価証券を保有している場合において、満期が到来して投資した元金が戻ってくることを意味します）。

なお、純粋な事業投資といえる有形固定資産の取得による支出（Payments for acquisition of property, plant and equipment）は133億1300万ドルと、前の年より増加していますので、決して投資の手を緩めているわけではありません。

さらに興味深いのが、アップルのキャッシュ・コンバージョン・サイクル（CCC）です。**キャッシュ・コンバージョン・サイクルとは、商品や原材料を仕入れてから販売して代金が手元に入るまでの平均期間を示したもの**で、営業キャッシュ・フ

キャッシュ・コンバージョン・サイクル（CCC）の概念

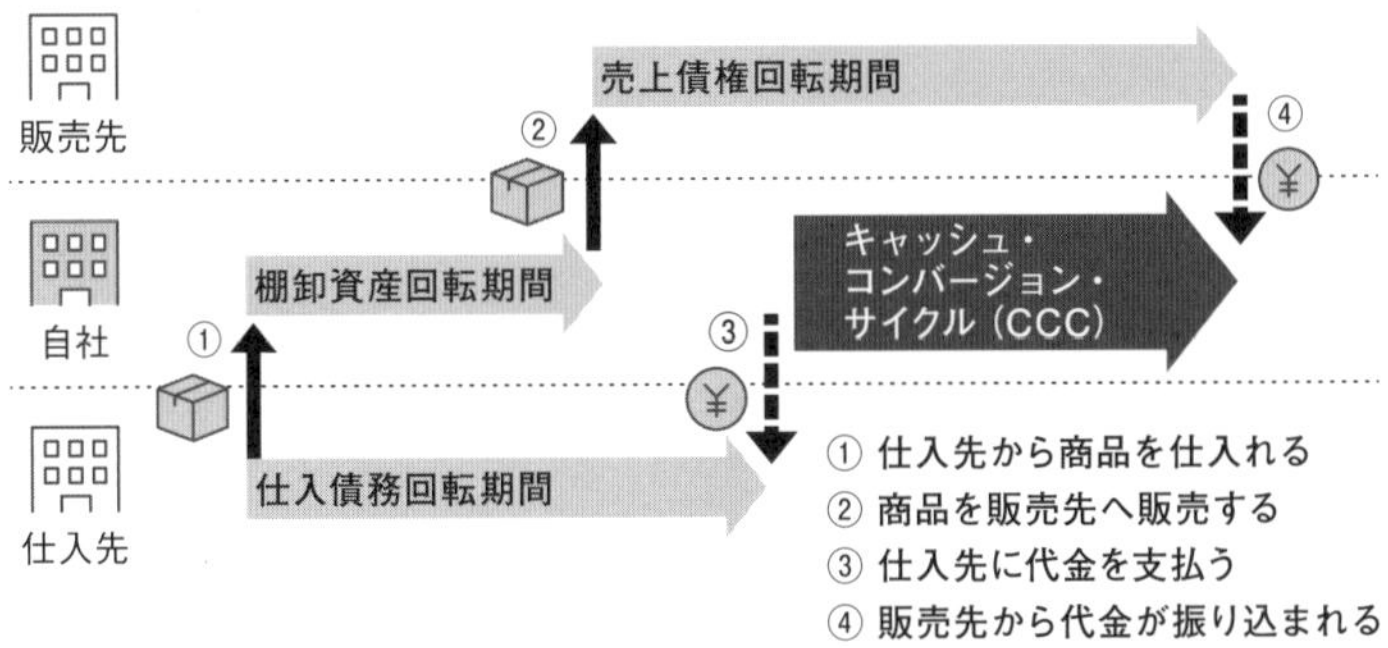
販売先
自社
仕入先
売上債権回転期間
棚卸資産回転期間
仕入債務回転期間
キャッシュ・コンバージョン・サイクル（CCC）
① 仕入先から商品を仕入れる
② 商品を販売先へ販売する
③ 仕入先に代金を支払う
④ 販売先から代金が振り込まれる

キャッシュ・コンバージョン・サイクル（CCC）
＝ 売上債権回転期間 ＋ 棚卸資産回転期間 － 仕入債務回転期間

ローを増加させる要因となるものです。キャッシュ・コンバージョン・サイクルが短ければ短いほど、現金を回収するサイクルが早く、手元のキャッシュが潤沢になります。

キャッシュ・コンバージョン・サイクルは、**売上債権回転期間と棚卸資産回転期間の合計から仕入債務回転期間を差し引いた日数**です。

売上債権回転期間は、売上債権（売掛金や受取手形）を1日当たり売上高で割ることによって算出される日数で、平均の売上代金の回収サイトを意味します。

棚卸資産回転期間は、棚卸資産（商品、製品、原材料などの在庫）を1日当たりの売上原価で割ることによって

キャッシュの流れを決める3要素

売上債権回転期間……販売してから代金を回収するまでの平均期間

$$\text{売上債権回転期間（日）}=\frac{\text{売上債権}}{\text{売上高}\div 365\text{日}}$$

回収サイト

※売上債権＝受取手形＋売掛金

棚卸資産回転期間・・・商品を仕入れてから販売するまでの平均期間

$$\text{棚卸資産回転期間（日）}=\frac{\text{棚卸資産}}{\text{売上原価}\div 365\text{日}}$$

商品の保管期間

※在庫回転期間とも言います

仕入債務回転期間……商品を仕入れてから代金を支払うまでの平均期間

$$\text{仕入債務回転期間（日）}=\frac{\text{仕入債務}}{\text{売上原価}\div 365\text{日}}$$

支払いサイト

※仕入債務＝支払手形＋買掛金

算出される日数で、商品などの平均保管期間を意味します。

仕入債務回転期間は、仕入債務（買掛金や支払手形）を1日当たり売上原価で割ることによって算出される日数で、仕入れ代金の支払いサイトの平均を意味します。

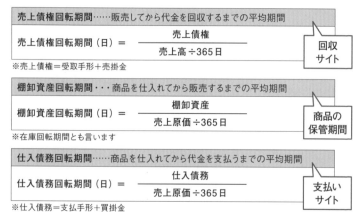

キャッシュ・コンバージョン・サイクルを短くするには3つのアプローチがあります。それは、①販売代金の回収期間を早くすること、②保有する在庫を少なくすること、③支払いを遅くすることです。

キャッシュ・コンバージョン・サイクルは何日ぐらいが通常なのでしょう。例えば、ソニーは65日ほどあります。キャッシュ・コンバージョン・サイク

ソニーのCCCは65日（2019年3月期）

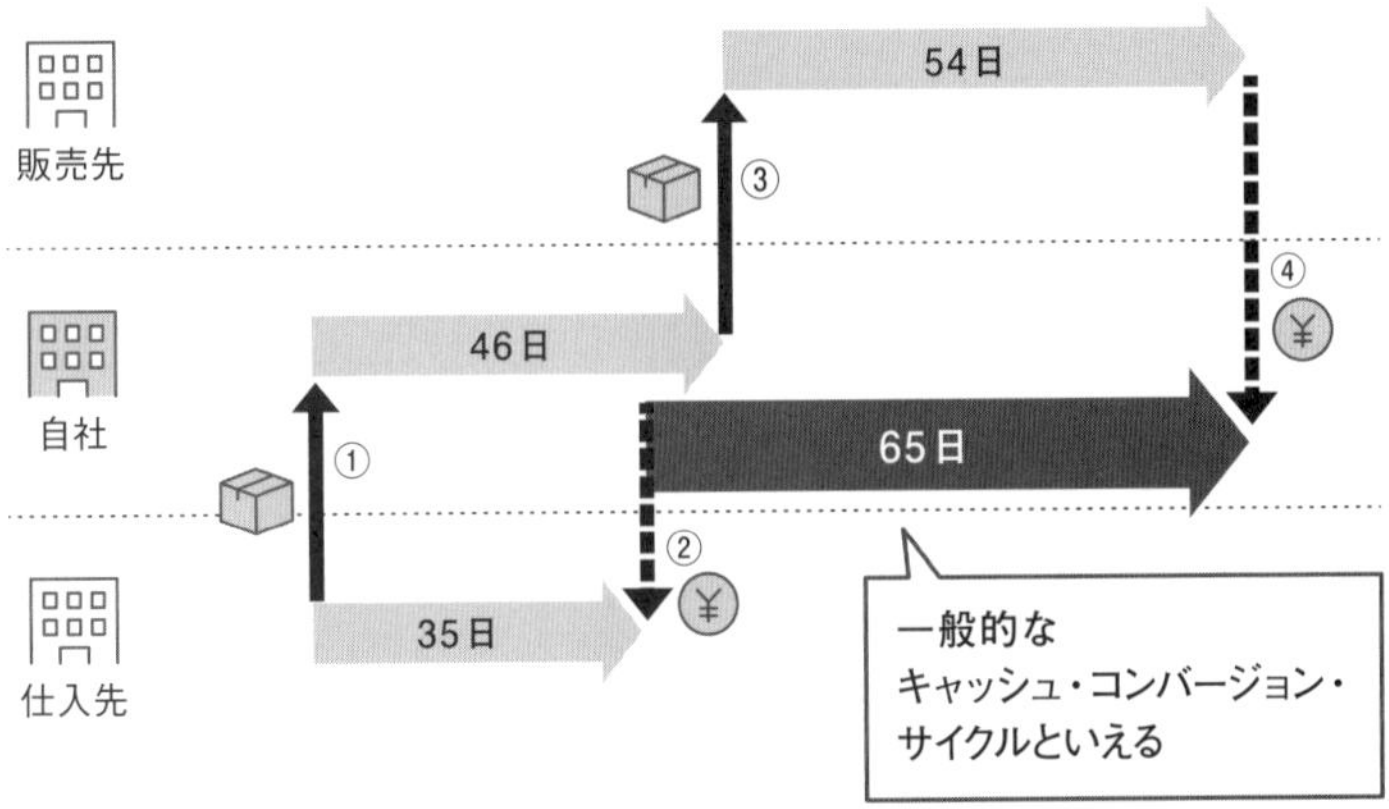

ルの短縮に積極的にとり組んでいる日本電産も60日程度です。業種によりますが、40〜70日程度が通常でしょう。

これに対して、アップルは**マイナス74日**です。マイナスというのは支払いよりも先に販売代金が入金されることを意味しています。日本の製造業や小売業で、キャッシュ・コンバージョン・サイクルがマイナスになっている企業はあまり聞いたことがありません。

10日分の在庫しか持たない

アップルのキャッシュ・コンバージョン・サイクルが短い要因は、棚卸資産回転期間がわずか10日という短さ

アップルのCCCはマイナス74日（2018年9月期）

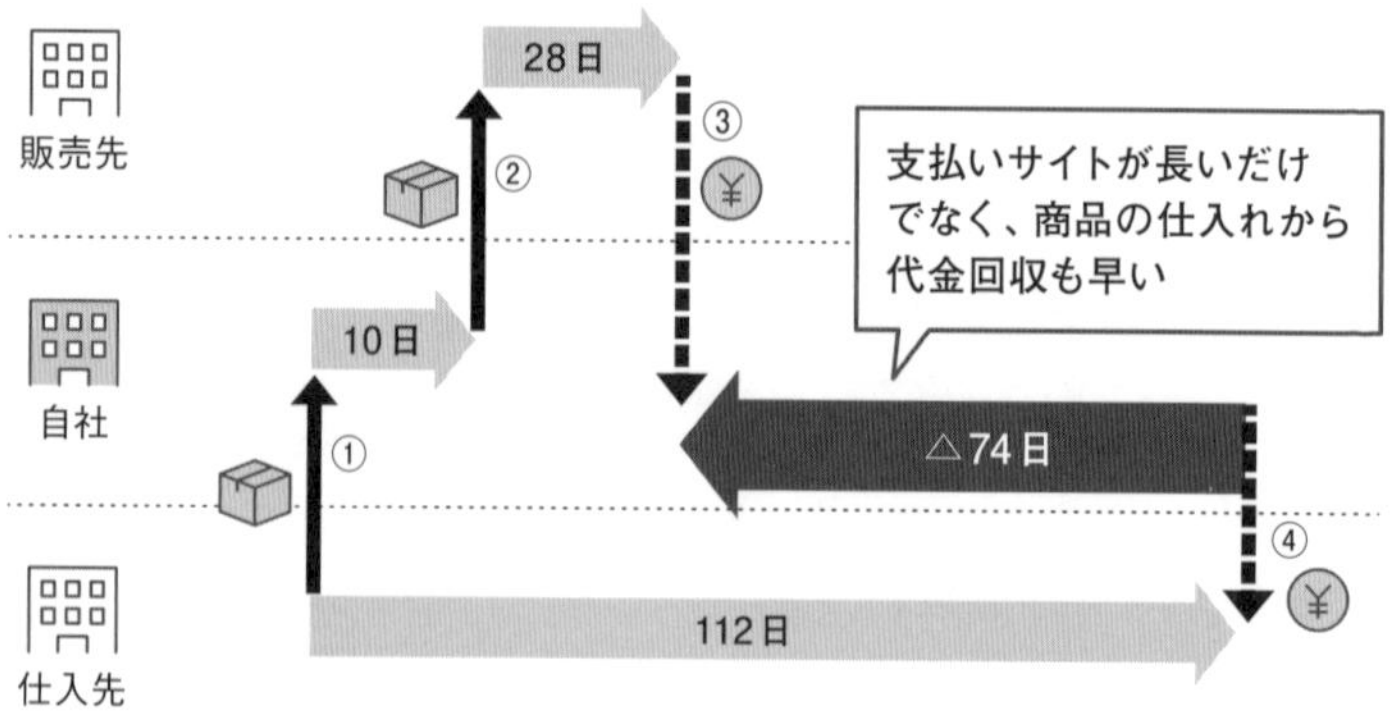

と、仕入債務回転期間が112日という長さにあります。

わずか10日分の在庫しか抱えていないことになるので、**不要な在庫を持たず、製造したらすぐに販売できる体制がアップルにはできあがっている**ものと考えられます。

また、支払いサイトが112日になっている点も注目です。サプライヤーへの支払いを長期にしていますが、これはアップルが電子部品メーカー等に対して、圧倒的に有利な条件で取引できる力関係にあるからでしょう。

ただアップルも、初めからこのような状態だったわけではありません。1996年度にはキャッシュ・コンバージョン・サイクルが70日を超えていたのです。

スティーブ・ジョブズ氏がアップルの最高経営責任者に復帰した後、いち早くキャッシュ・コンバージョン・サイクルの問題に気付き、その改善に乗り出したのです。

キャッシュ・コンバージョン・サイクル改善の要となる、商品や部品のサプライチェーンマネジメント再構築の陣頭指揮を執ったのが、現在の最高経営責任者のティム・クック氏です。

世界中に部品の供給網を張り巡らせ、外部企業に生産を委託する方式に切り替えました。これにより、製造中の在庫（仕掛品）を自社で抱える必要がなくなりました。そして製品在庫を完全にコントロールし、**市場の需要に対する製品の供給量を正確に調整することで、無駄な在庫を圧縮**することに成功したのです。

これにより、短期間でモデルチェンジするアップル製品においても、旧モデルの製品を大量に抱えることがなくなりました。

結果として2000年以降は安定的にキャッシュ・コンバージョン・サイクルがマイナスを維持し、今日に至っています。

アップルは、キャッシュ・コンバージョン・サイクルの改善をきっかけに、今日のような超優良企業に成長しているのです。

アマゾンの強さの秘密

一方、アマゾンのキャッシュ・コンバージョン・サイクルは、**マイナス29日**となっています。アップルほどではありませんが、一般的な水準と比べればかなり優秀です。

意外なのが、棚卸資産回転期間が44日しかないことです。

アマゾンといえば、即日配送など、注文してから配送されるまでのスピードが強みの企業。数あるECサイトの中でもそのスピードは突出しており、アマゾンの競争力の源泉となっていると考えられます。しかも、今や書籍だけでなく、ありとあらゆる商品をとり扱っている巨大小売企業です。

そのため、さぞかし莫大な在庫量を抱えているだろうと思いきや、**わずか1か月半分の在庫しか保有していない**のです。

在庫切れになれば販売機会を失うことになり、売上にも影響しかねません。やみくもな在庫圧縮をしているわけではないはずです。

アマゾンの棚卸資産回転期間の短さは、綿密な需要予測と徹底した物流管理のたまものといえるでしょう。

さらに目を引くのが、仕入債務回転期間の長さです。この期間が95日、つまり3か月強もあるおかげでキャッシュ・コンバージョン・サイクルがマイナスになっていま

アマゾンのCCC（2018年12月期）

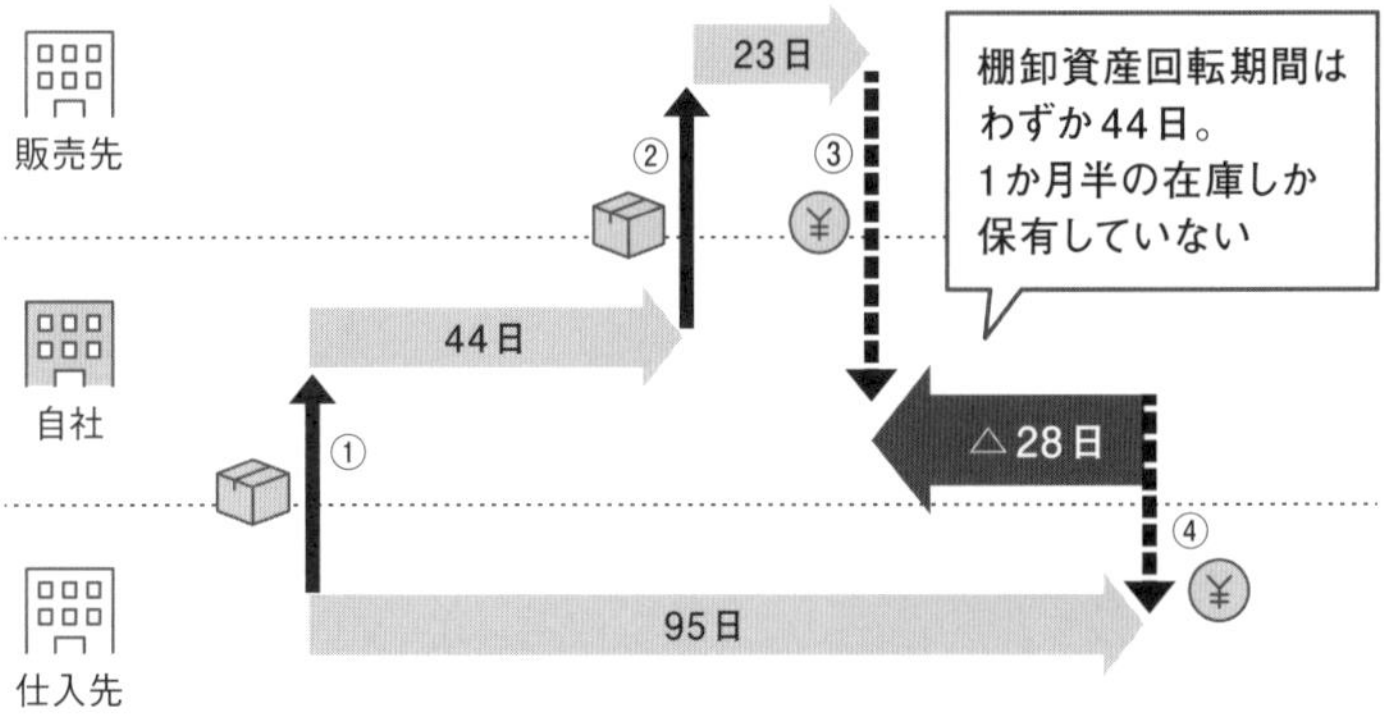

す。アマゾンの場合、マーケットプレイスの存在が仕入債務回転期間の長さの要因になっていると考えられます。

アマゾンマーケットプレイスは、アマゾン以外の業者が、アマゾンのプラットフォームを使って商品を販売することができるしくみです。

外部業者が出品した商品がマーケットプレイスで売れると、いったんアマゾンに販売代金が入金されます。そして、数％の手数料を差し引いて、外部業者に代金が支払われるのです。

恐らく、消費者からの入金から、外部業者への支払いまでの期間を長くすることで、仕入債務回転期間を長期化させ、キャッシュが貯まりやすいしくみを構築しているのでしょう。

「キャッシュを持つ」という強み

それではなぜ、アップルもアマゾンもキャッシュ・コンバージョン・サイクルの短縮化に積極的なのでしょうか。

前述の通り、キャッシュ・コンバージョン・サイクルは通常はプラスです。本来は運転資金の手当てをしなければなりません。事業規模が大きくなればなるほど、必要となる運転資金も巨額になり資金不足に陥ります。

しかし、アップルとアマゾンは、キャッシュ・コンバージョン・サイクルがマイナスですので、**「無利息で運用可能な資金が使える」**のです。事業規模が大きくなればなるほど、その金額は雪だるま式に大きくなります。

たっぷり貯まったキャッシュが将来のための研究開発などに使えるので、ますます企業価値は高まっていきます。

業界での存在感が高まれば、仕入先（サプライヤーや外部業者）との決済条件の交渉で優位に立てます。仕入先としては、「アップルやアマゾンと取引できれば売上アップにつながる」と考えるので、代金の回収期間が長くても致し方なしと、甘受するしかありません。

また、一般に回収期間が長いと貸し倒れのリスクが高まりますが、アップルやアマゾンほどの企業になればその懸念が少ないため、問題視されません。
このような背景から、仕入債務回転期間はますます長くなり、キャッシュ・コンバージョン・サイクルがさらに短くなるという、好循環を生み出しているのが、アップルとアマゾンなのです。

Point

キャッシュが貯まるしくみを構築すれば、「儲け」もついてくる

ルカリ

VS

ansan

第12章

プロモーションがうまいのはどっち？

売上高広告宣伝費比率

メルカリ vs Sansan

新興企業のメルカリとSansan。
大胆なプロモーション戦略の裏には、
精巧に作られた
ビジネスモデルが潜んでいた。
両社の特徴を決算書から読み解き、
ベンチャー企業が飛躍する術を探る。

最後に、東証マザーズに上場したばかりの新興企業で、注目度の高いベンチャー企業2社を比較します。フリーマーケットアプリのメルカリと、名刺管理サービスのSansanです。

どちらの会社もテレビCMなど、積極的なプロモーション活動を行っており、新興企業の中でも目立つ存在です。では、果たしてどのくらいプロモーションにコストをかけているのか。それに見合うだけの業績は出ているのか。そのような観点で、「売上高広告宣伝費比率」を軸に両社を比較分析します。

売上高広告宣伝費比率
メルカリ　37・4％
Sansan　27・7％

売上高広告宣伝費比率（％）＝広告宣伝費÷売上高×100

比較してみると、売上高広告宣伝費比率は、メルカリのほうが高いようです。しかし、一般的には10％未満程度の会社が多いことから、2社とも積極的に広告宣伝に資

2社の決算書を比較！

（単位：百万円）

	メルカリ（2018年7月1日～2019年6月30日）	Sansan（2018年6月1日～2019年5月31日）
売上高	51,683	10,206
売上原価	12,864	1,597
売上総利益	38,818	8,608
販売費及び一般管理費	50,968	9,458
（うち、広告宣伝費）	(19,317)	(2,831)
営業利益	－12,149	－849
営業外収益	91	16
営業外費用	112	58
経常利益	－12,171	－891
特別利益	-	4
特別損失	396	50
税金等調整前当期純利益	－12,567	－937
法人税等	1,197	7
当期純利益	－13,764	－945
非支配株主に帰属する当期純利益	-	-
親会社株主に帰属する当期純利益	－13,764	－945

金を投じていることがわかります。

メルカリは、「メルペイ」というキャッシュレス決済事業に乗り出したこともあり、他のキャッシュレス事業者とのユーザー囲い込み競争で、積極的なプロモーション活動を行っています。

一方、Sansanも松重豊《まつしげゆたか》さんによる「早く言ってよ～」の決めゼリフが印象的なテレビCMを中心に、大々的なプロモーション活動を行っています。

これだけお金をかけて広告宣伝しているのであれば、業績もさぞかし好調なのかと思いきや、実は**両社とも大幅な赤字**なのです。

営業利益は2社ともマイナス

メルカリは、広告宣伝費を193億円投じて営業利益がマイナス121億円、Sansanは広告宣伝費を28億円投じて営業利益がマイナス8億円です。次ページを見てください。

多額の広告宣伝費をかけていることが原因なので、広告宣伝費を抑制すれば黒字化は十分可能なはず。なぜ、赤字覚悟で多額の広告宣伝費をかけているのでしょうか。

2社の広告宣伝費と営業利益

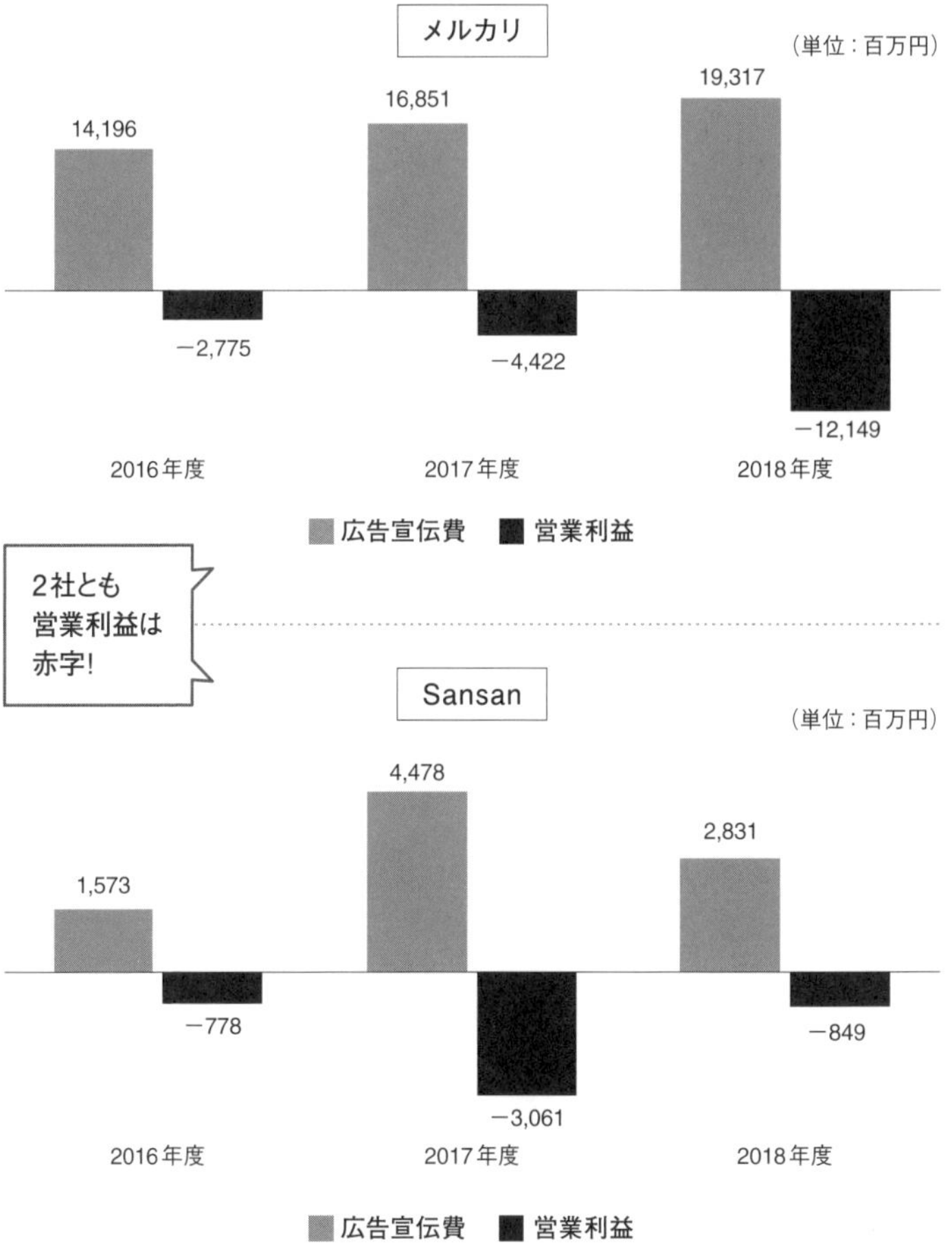
メルカリ
(単位：百万円)
14,196
16,851
19,317
−2,775
−4,422
−12,149
2016年度
2017年度
2018年度
広告宣伝費
営業利益
2社とも
営業利益は
赤字!
Sansan
(単位：百万円)
1,573
4,478
2,831
−778
−3,061
−849
2016年度
2017年度
2018年度
広告宣伝費
営業利益

ネットワーク外部性とは？

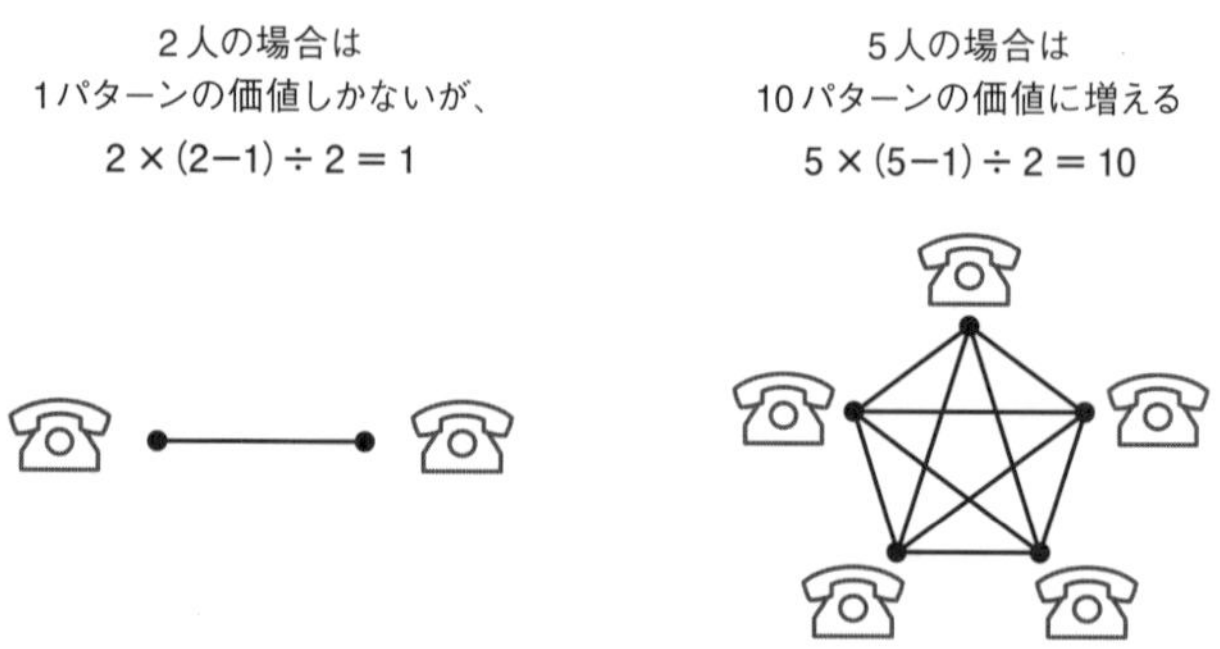
2人の場合は
1パターンの価値しかないが、
2×(2−1)÷2＝1
5人の場合は
10パターンの価値に増える
5×(5−1)÷2＝10

利用者が増えれば増えるほど、価値が高まるメカニズムを指す

その理由は、両社のビジネスモデルの特性から読み解くことができます。両社に共通していえるのが、**ネットワーク外部性**が強く働くビジネスだということです。

ネットワーク外部性とは、同じ商品・サービスであっても、**利用者の数が増えれば増えるほど、その商品・サービスの利用価値が増加**するという経済メカニズムのことを指します。

ネットワーク外部性が働く代表的なサービスとして挙げられるのが「電話」です。上図を見てください。

電話は、携帯電話を含めて世の中にほぼ普及しきっているサービスですので、イメージしにくいかもしれませんが、仮に電話がない世界をイメージしてください。

ある人が電話を発明し、そのとき1人しか電話を持っていなかったら、その電話自体にはなんの価値もありません。誰かと通話ができるから電話としての価値があるのです。電話保有者が2人だったら、特定の1人としか通話できません。

しかし3人が電話を持っていたら3パターン、4人だったら6パターン、5人だったら10パターンの利用ができます。100人の場合は、なんと4950パターンとなりますので、2人の場合と比べると人数が50倍に増えただけで、サービスの価値が4950倍に膨らむのです。

このように、普及すればするほど加速度的に利用価値が高まっていくのは、ネットワーク外部性による効果です。

メルカリとSansanのビジネスモデル

メルカリはフリーマーケットアプリなので、売り手と買い手、双方がいて初めてサービスとして成り立つビジネスです。買い手の立場からすれば、出品者や出品数が多ければ多いほど品ぞろえが豊富なので、利用価値が高いサービスといえます。

売り手としても、ユーザー（売り手から見れば潜在顧客）が多ければ多いほど売れる可能性が高まりますので、売る場所として価値が高いと感じるでしょう。そして、ユーザーの誰しもが出品者にも購入者にもなれるサービスですので、ネットワーク外部性の威力が遺憾なく発揮されます。

Sansanは、社員が持っている大量の名刺をデータベース化して社内共有することで、顧客管理や営業支援につなげるサービスです。データベース化される名刺の数が多ければ多いほど、価値が高まります。また、自分の名刺データをアップデート（昇進、転職など）すると、自分とつながった相手にもその情報が更新されるしくみになっているので、社外の利用者も増えれば増えるほどサービスそのものの価値が向上します。

例えば、**製造業のように製品を作って販売するだけの、消費者との一対一の関係のビジネスの場合は、ここまで広告宣伝費をかけることはできない**でしょう。

メルカリもSansanも、ともにネットワーク外部性が強く働くサービスだからこそ、多額のプロモーションコストをかけて普及活動を行っているのです。非常に合理的な施策といえます。

しかし、広告宣伝費に多額の資金を費やすことが重要だとしても、青天井のようにどんどんお金を使ってしまったら、いつしかキャッシュは底をついてしまいます。

メルカリもSansanも、企業規模としてはまだ小さいのにもかかわらず、どこからそのお金を捻出しているのでしょうか。

まず、ベンチャーキャピタルなどの投資家からの出資が大きいでしょう。企業の目利きであるベンチャーキャピタルは、今は赤字でも将来大化《おおば》けする有望なベンチャー企業を発掘し、株式と交換に多額の資金を出資します。

有価証券報告書に記載の「連結株主資本等変動計算書」によると、メルカリは、2017年度に570億円、2018年度に106億円もの新株発行をしています。Sansanも、2017年度に42億円、2018年度に30億円もの新株発行をしていま す。株式発行の諸費用が差し引かれるため、調達金額とイコールではありませんが、おおむねこのくらいの資金を手にしたことがわかります。メルカリもSansanも、このお金を原資として、多額のプロモーション活動ができているのでしょう。

メルカリ独自のしくみとは？

もうひとつの資金源は、キャッシュが貯まりやすいビジネスモデルにあります。

メルカリの貸借対照表には、**「預り金」**という負債項目があります。2019年6

メルカリにおける「お金と商品の流れ」

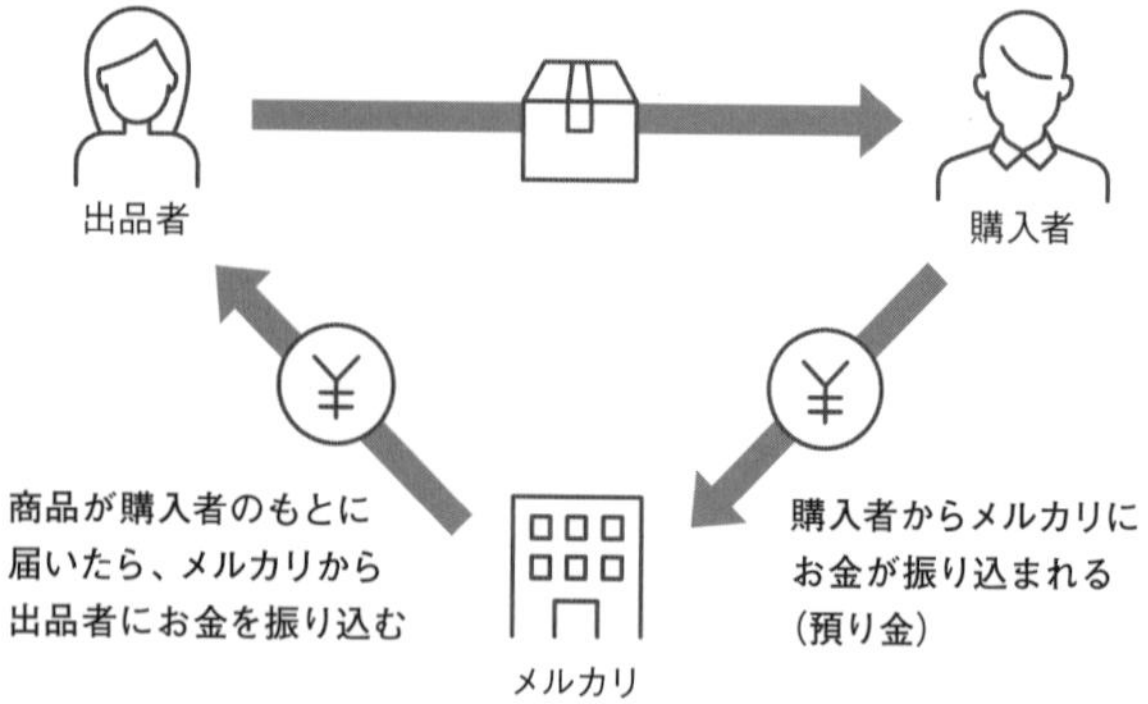

出品者
購入者
商品が購入者のもとに
届いたら、メルカリから
出品者にお金を振り込む
メルカリ
購入者からメルカリに
お金が振り込まれる
（預り金）

月期は458億円もあり、負債の中で最も金額が大きく、しかも年々増えつづけています。この預り金とは、メルカリが一時的に預かっている「出品者が売った商品の代金」のことです。

メルカリは、出品者と購入者の金銭の受け渡しに**「エスクロー勘定」**を採用しています。

エスクローとは、売り手と買い手の間に中立的な第三者が仲介して、代金決済の安全を確保する預託サービスです。販売代金は、購入者から出品者へ直接振り込むのではなく、メルカリが購入者から代金をいったん預かり、商品が無事に購入者の手元に届いた後に、出品者の銀行口座に振り込まれる形になっています。

預り金はいつか出品者に引き渡さなければならないお金です。しかし、見方を変えれば、無利子でお金を貸してもらっているようなものともいえます。

出品者が増えれば増えるほど、メルカリが預かるキャッシュは増え続けるというしくみになっているのです。

キャッシュが貯まるしかけ

一方で、出品者は預けているお金をポイントに交換して、メルカリ内の商品を購入することもできます。メルカリからすると、貸してもらっているお金を使われてしまうので、手持ちのキャッシュが減少することになります。しかし、メルカリ内で売買が行われるため、**売買代金に応じた手数料を徴収できる**のです。

スマホ決済サービスのメルペイ開始により、実店舗でもポイントが使えるようになりましたが、利用者が実店舗で買い物をするたびに、加盟店から決済手数料を徴収できます。

また、加盟店からの入金は「10万円以上のおまとめ入金なら入金手数料無料」としていますので、預り金も増えるでしょう。今後ますますキャッシュが貯まりやすくなるのではないかと予想されます。

Sansanを支える「前受金」

一方、Sansanもメルカリほどではありませんが、キャッシュが貯まりやすいビジネスモデルになっています。

Sansanの2019年5月期の貸借対照表を見てみると、392億円もの「前受金」が計上されています。

実に、**負債合計の約7割にも上る金額**です。

Sansanの決算説明会資料によれば、Sansanの企業向けのサービスは、契約開始時に初期費用としてライセンス費用の12か月分を徴収するしくみになっています。これとあわせて、導入支援費用として20万~150万円を契約開始時に徴収します。恐らくこれらが、貸借対照表に計上されている前受金だと考えられます。

キャッシュ・フロー経営の王道は、売上代金を早く回収することです。多くの企業間ビジネスは、販売から1~2か月後に代金を回収する後払いですが、Sansanはこれとは逆で、**先に顧客からお金を受けとる**しくみになっています。そのため、契約件数が増えれば増えるほどキャッシュが先行して貯まっていくのです。

さらにいえば、Sansanは、**「サブスクリプションモデル」**かつ**「スイッチングコスト」**が高いサービスです。

「サブスクリプションモデル」とは、売り切りではなく毎月の利用料を継続的に課金する方式のことです。音楽聞き放題サービスのSpotifyや動画見放題サービスのNetflixなどもサブスクリプションモデルです。アドビが画像編集ソフト「Photoshop」を、売り切り型からサブスクリプション型に移行したことで、業績が飛躍的に向上した事例が有名です。

サブスクリプションモデルのメリットは、解約されない限り、安定的に収益が積み上がる点にあります。Sansanも、名刺の枚数に応じて月額でライセンス費用を徴収するサブスクリプションモデルです。

「スイッチングコスト」とは、現在利用している商品やサービスを他社の商品やサービスに乗り換える際の、心理的、物理的または経済的負担のことをいいます。

飲食店や小売店などはスイッチングコストが低い業種に位置づけられます。例えば、毎日違う店でランチを食べることに何の抵抗もないでしょうし、毎日違う店で商品を買うことも、ごく普通のこととして我々は生活しています。だからこそ、どの店もこぞってポイントカード等を発行し、顧客を囲い込むことに必死なのです。

Sansanの強さの秘密

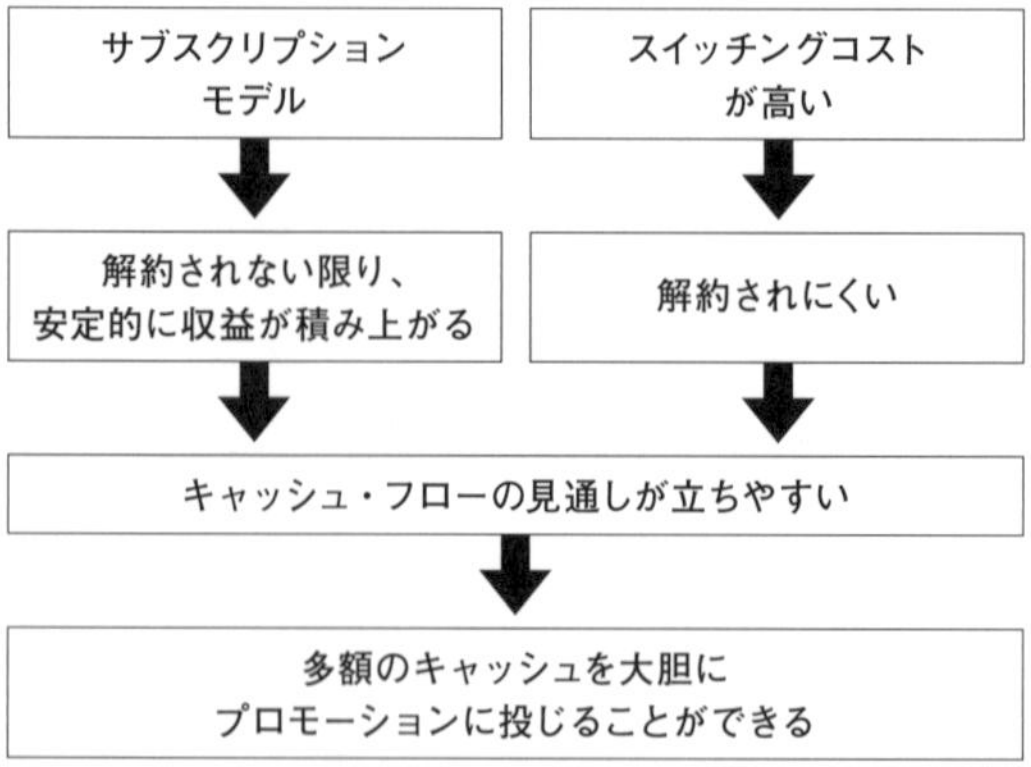

航空会社がマイレージサービスを提供している理由は、スイッチングコストが低いことにあります。

これに対して鉄道会社は、同じ旅客輸送業ですが、航空会社よりはるかにスイッチングコストが高いといえるでしょう。だから鉄道会社は、航空会社のように高額なマイレージサービスを提供していないのです。

この点、名刺管理サービスは、一度契約したらなかなか他社に乗り換えることはしないでしょう。わざわざ名刺をデータ化し直すのは手間がかかりますし、導入時にかかったコストがもったいないと感じるからです。

ましてや、データでの名刺管理の便利さを一度味わってしまったら、それを手放すのは困難です。よほどのことがない限り、紙での名刺管理には戻れないでしょう。現に、Sansanの解約率はわずか0・66％です（2019年5月期時点）。

サブスクリプションモデルかつスイッチングコストが高いSansanのサービスは、着実に収益を伸ばすことが見込めるため、キャッシュ・フローの見通しが立ちやすいビジネスといえます。だからこそ、多額のキャッシュを大胆に広告宣伝に使うことができるのです。

宣伝費率は低下傾向。なぜ？

両社の売上高広告宣伝費比率の推移を見てみると、どちらも全体的に低下傾向にあります。次ページの図を見てください。一般に、**売上高広告宣伝費比率は、事業のライフサイクルの経過にしたがって低下する**傾向にあります。

導入当初のフェーズでは、売上に結びつきにくいため、相対的に広告宣伝費の割合は高くなります。しかし、ここで広告宣伝費をケチってしまうと、認知度が上がらず、サービス自体の価値の上昇が停滞してしまいます。両社とも、しかるべきタイミングで、広告に惜しみなく資金を投下した成果が、売上高に反映され、相対的に広告宣伝

２社の売上高広告宣伝費比率

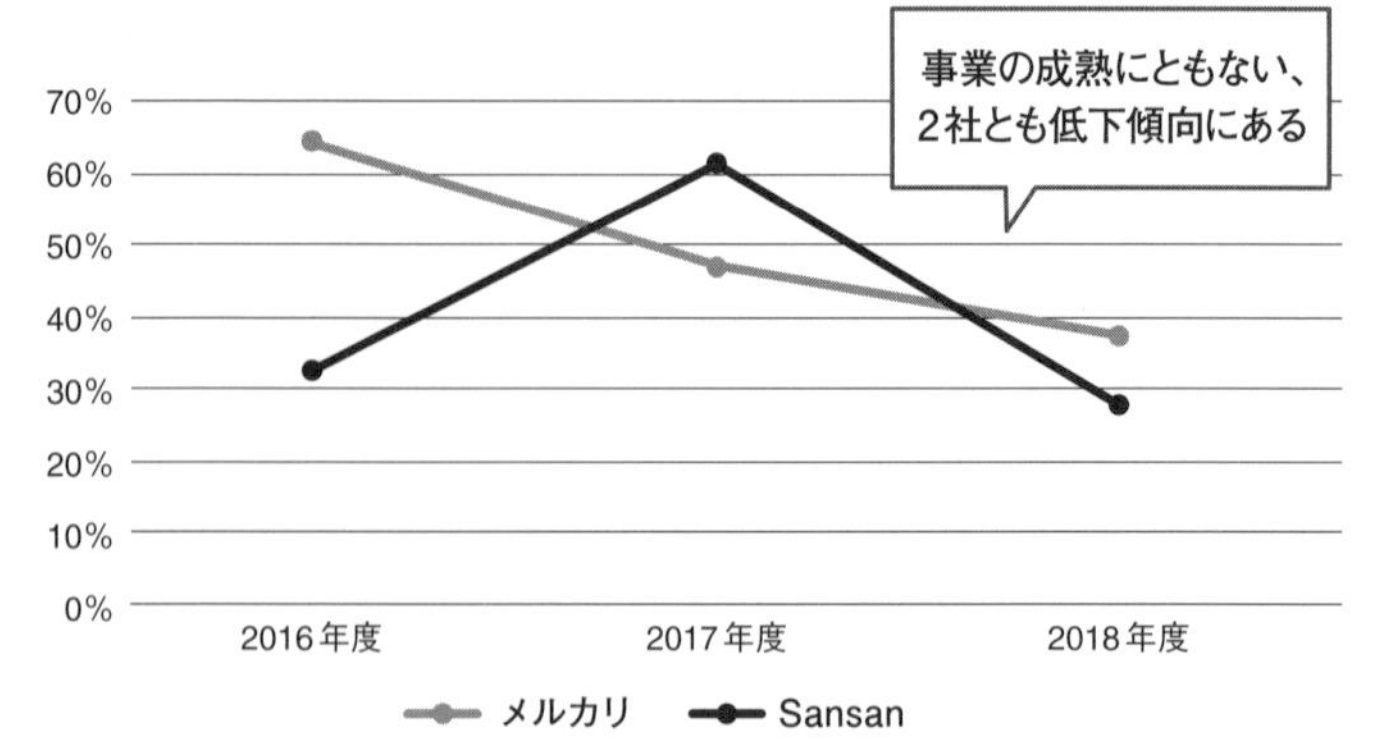

費の割合が低下しているのでしょう。

メルカリは、今や押しも押されもせぬフリマアプリの代表格となりました。一方Sansanも、名刺管理サービスではすでに国内ナンバーワンのシェアを握っています。どちらも普及期は過ぎて、黒字化のフェーズに進もうとしているのかもしれません。

事業のライフサイクルが成長期から成熟期に移行すれば、多額の広告宣伝費をかけなくとも一定の売上をあげることができます。

上場のタイミングとしては、メルカリのほうがSansanよりも１年ほど早いですが、メルカリは２０１３年設立なのに対して、Sansanは２００７年設立です。Sansanのほうが事業として成熟しているため、メルカリよりも売上高広告宣伝費比率が低いパーセンテージで済んでいるといえます。

また、メルカリは、立ち上げ間もない米国事業やメルペイ事業の広告宣伝にもキャッシュを投下しています。つまり、刈りとりフェーズの国内事業だけでなく、種まきフェーズの米国事業およびメルペイ事業が並行して走っているため、全体として売上高広告宣伝費比率が高い状態になっているといえるでしょう。

Point

「赤字＝儲かっていない」とは限らない

あとがき

「生きた教科書」はまだまだある

本書では、実在する24社の財務諸表を題材にしました。これら24社とは、監査やコンサルで直接かかわったことはなく、ましてや、本書執筆のために独自取材をしたわけでもありません。これらの会社に所属されている方からすれば、「現場はもっと複雑」「要因はそれだけじゃないんだ」といった感想を持たれたかもしれません。

本書の意図は、読者の皆さんの会計リテラシーの向上にあります。

「外部の人間でも、財務諸表と一定の会計リテラシーがあれば、会社の実態をここまで把握することができる」ことをご紹介するとともに、「読者の皆さんに、会計数値を通して会社を見る目を養っていただきたい」という思いを込めて執筆した本です。

ビジネスで重要なのは、「儲かっている会社はなぜ儲かっているのか」を分析した上で、その会社が実践している経営手法やビジネスモデルを想像（仮説）し、「自社で応用して実践できないか？」「参考にすべき点はないか？」などを徹底的に考え抜いて、自社の儲けにつなげることです。儲かっていない会社の失敗要因を分析して、反面教師とするのも有効でしょう。私がかつてCFOをしていた会社は上場を目指して急成長していましたが、私が退任してから10年後に経営破綻してしまいました。当たり前ですが、企業経営に絶対的なものはありません。そこに難しさや奥深さ、企業分析の醍醐味があります。

本書では24社しかとり上げていませんが、上場企業は3000社以上あります。つまり、生きた教科書（財務諸表）はまだまだたくさんあるということです。

ぜひ、本書でご紹介した経営指標や分析手法を使って、さまざまな企業を分析し、あなたなりの「儲け」のヒントを見つけ出してください。

「会計はビジネスの共通言語」という言葉の通り、会計スキルはすべての業種、すべての職種に有効なスキルです。一度身につければ、どんな業界に行っても、どんな時代になっても、重宝される人材になれます。本書が、読者の皆さんの会計スキル向上に少しでもお役に立てたら、著者としてこの上ない喜びです。

最後になりましたが、週末の家族の時間を犠牲にしながら、ここまで私の執筆を理解し、応援し続けてくれた、妻と3人の娘に心から感謝します。ありがとう。

2020年1月

公認会計士　川口宏之

巻末資料

財務諸表の入手方法と特徴

上場企業の財務諸表は、「決算短信」や「有価証券報告書」といった形式で掲載されています。インターネット環境さえあれば、誰でも無料で入手可能です。具体的な入手方法と、「決算短信」「有価証券報告書」「決算説明会資料」の違いをお伝えします。本書でとり上げた24社の財務諸表も、ここで述べる方法で入手しました。ご自身で企業分析する際にご活用ください。

財務諸表の3つの入手方法

①ホームページ

上場企業はほぼ例外なく、自社ホームページ上にＩＲページを設けています。ＩＲとはInvestor Relations（インベスター・リレーションズ）の略です。

通常は「投資家情報」や「ＩＲ情報」という名称でトップページからリンクが張られています。この中に、決算短信や有価証券報告書などがＰＤＦ形式で載っていますので、クリックひとつでダウンロード可能です。

・Googleなどの検索エンジンで「○○（企業名）　ＩＲ」と検索すれば、検索結果の上位に当該企業のページリンクが表示されます。そこからダイレクトに入る方法が最も手っとり早いでしょう。

② EDINET（エディネット） http://disclosure.edinet-fsa.go.jp/

金融庁が管轄しているウェブサイトで、すべての上場企業の有価証券報告書が載っています。ホームページに載せていない場合でも、EDINETへの掲載は法律で義務づけられているので、すべての上場企業の「有価証券報告書」を入手することができます。

EDINETの「書類検索」をクリックすれば、検索画面が出てきます。そこで企業名を入力すれば、お目当ての企業の有価証券報告書等が一覧で表示されます。

EDINETのいいところは、有価証券報告書をＰＤＦだけでなく、ＸＢＲＬデータとしてダウンロード可能なところです。

ＰＤＦファイルだと、財務分析する際、目視で数字を確認して電卓を叩かなくてはいけません。数社だけの分析なら苦ではありませんが、大量に分析する場合は非常に手間どります。

しかし、XBRLデータはエクセルに落とすことができるので、大量かつ正確に計算することができます。本書執筆の際にも大いに活用しました。

ただしEDINETには過去5年分の情報しか掲載されていません。それ以前の情報はウェブサイトから消えてしまいますのでご注意ください。

また、決算短信は掲載されていませんのでご注意ください。

③ EDGAR（エドガー） https://www.sec.gov/edgar.shtml

海外企業の場合、米国の証券市場に上場していればEDGARから財務諸表を入手することができます。

EDGARとは、先ほど紹介したEDINETのような存在のウェブサイトです。米国市場に上場しているすべての企業の財務諸表がここから入手できます。

EDGAR内の「Company Filigs Search」をクリックし、「Company Name」に企業名を入力すれば、お目当ての企業の開示書類が一覧で表示されます。「10-k」と書かれたものが、年次報告書（アニュアルレポート、いわゆる有価証券報告書）です。

10-kの「Documents」をクリックすると年次報告書全文が表示され、「Interactive Data」をクリックすると、年次報告書の中の連結財務諸表や注記情報などの主要項目が表示されます。

本書でとり上げたアップルやアマゾンの財務諸表もここから入手しました。EDGARに載っている情報は、当然ながらすべて英語です。しかし、貸借対照表（Balance Sheet）、損益計算書（Profit and Loss Statement）、キャッシュ・フロー計算書（Cash Flow Statement）という基本の財務諸表は、日本の財務諸表とほぼ同じ作りになっていますので、主要な勘定科目を日本語に翻訳すれば、難なく経営分析ができます。

決算短信、有価証券報告書、決算説明会資料の違い

決算短信にも有価証券報告書にも、その企業の財務諸表が載っています。基本的にはどちらも同じ財務諸表です。しかし、それぞれに特徴がありますので、違いを理解した上で使い分ける必要があります。

①決算短信

決算短信とは、証券取引所のルールにしたがって開示される書類で、原則として決算日から45日以内に開示することが義務づけられています。3月決算の企業であれば、遅くとも5月15日には入手できます。

決算短信の特徴

目次	主な記載内容	重要度
サマリー情報	主要な経営指標の前期との対比、翌年度の業績予想など	○
経営成績等の概況	今回の決算の要因分析など	△
会計基準の選択に関する基本的な考え方	現在適用している会計基準、今後 IFRS を適用する予定があるかどうかなど	△
連結財務諸表及び主な注記	連結財務諸表、注記の一部	◎

決算短信には、財務諸表以外の情報はそれほど載っておらず、しかも、監査法人による会計監査は義務づけられていません。

近年は、決算短信で開示する分量をさらに簡素化する流れがあります。その代わり、早期に開示することを促す「速報性」がより重視されています。

なお、決算短信の補足情報として、四半期決算短信というものがありますが、これは3か月、6か月、9か月というスパンで決算の途中経過を伝える役割を担う開示資料です。第1四半期は3か月間、第2四半期は6か月間、第3四半期の9か月間の財務諸表が載っています。

有価証券報告書の特徴

目次	主な記載内容	重要度
第一部 企業情報		
第1 企業の概況	主要な経営指標の推移、沿革、事業内容、従業員数や平均給与など	○
第2 事業の状況	経営方針、研究開発活動（金額や内容）、重要な契約など	○
第3 設備の状況	設備投資の概況、設備の新設や除却の計画など	△
第4 提出会社の状況	株式数、ストックオプション、大株主の一覧、配当政策、役員の略歴、役員報酬など	△
第5 経理の状況	連結財務諸表、個別財務諸表、注記、借入金等明細表（平均利率、返済期日等）、セグメント情報など	◎
第6 提出会社の株式事務の概要	株主名簿管理人、株主優待制度など	ー
第7 提出会社の参考情報	適時開示書類の提出日など	ー
第二部 提出会社の保証会社等の情報	保証対象の社債、保証している会社の情報など	ー

②有価証券報告書

金融商品取引法に基づいて開示される書類で、決算日から3か月以内に開示することが義務づけられています。したがって、3月決算の企業の場合、6月下旬にならないと入手できません。

有価証券報告書には、財務諸表以外にも、従業員の平均給与、設備投資の状況、役員報酬、研究開発に要した金額など、企業分析する上で有用な情報が多く載っています。しかも、財務諸表は監査法人による監査済みのものです。

いわば、外部の専門家が「この財務諸表は適正である」というお墨つきを与えたものなので、信頼性が最も高い情報です。

なお、有価証券報告書の補足情報とし

て、四半期報告書というものがあります。四半期決算短信と同じように、3か月、6か月、9か月というスパンで作成されるものです。

③決算説明会資料

決算説明会資料とは、決算短信や有価証券報告書の内容を、スライドでわかりやすく説明した資料です。多くの上場企業が、決算説明会資料を毎期作成し、決算ごとの説明会で、この資料を使って投資家向けの説明を行っています。通常は、企業のＩＲページに載っており、誰でも無料で閲覧可能です。

専門知識がなくてもスムーズに理解できるように、グラフや図、写真などを多用しているため、企業の全体像を把握するのに役立ちます。

ただし、決算説明会資料を見る際は注意が必要です。なぜかというと、「決算説明会資料に何を載せるかは、会社が自由に決めていい」からです。記載内容が明確に決まっている決算短信や有価証券報告書とは、決定的に異なります。

記載内容が自由なので、会社にとって都合の悪い情報は載せなくてもいいのです。よい印象を持ってもらいたいがために、都合のよい情報を誇張して載せていることもよくあります。

決算説明会資料だけを見てしまうと、変なバイアスがかけられて、間違った分析結

こんな資料に要注意！

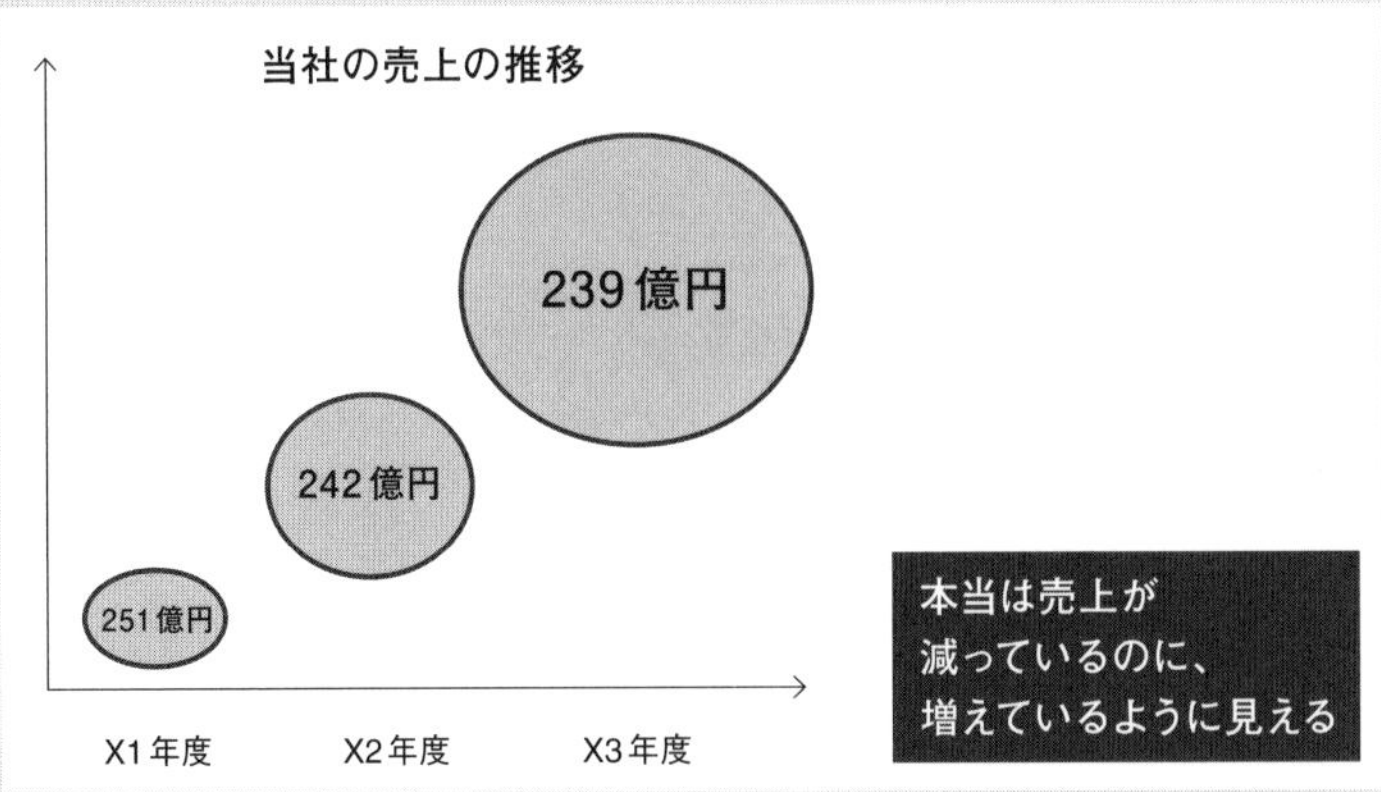

果を引き起こしてしまう可能性があります。したがって、決算説明会資料はあくまで補足情報としてとらえ、基本的には決算短信や有価証券報告書で分析することをお勧めします。

上の図は、ある有名企業のＩＲページに載っていた図です。売上が順調に増えているように見えますが、実は売上高は増えているどころか、逆に減っています。

印象操作で売上規模が拡大しているように見せているのです。これは極端かもしれませんが、実際にこういうことができてしまうのが、決算説明会資料の怖いところです。

川口 宏之（かわぐち・ひろゆき）

公認会計士
1975年栃木県生まれ。2000年より国内大手監査法人である監査法人トーマツにて、主に上場企業の会計監査業務に従事。2006年、みずほ証券にて、主に新規上場における引受審査業務に従事する。2008年、それまでの経験を活かし、ITベンチャー企業の取締役兼CFOに就任。バックオフィス業務全般（財務・経理・総務・法務・労務・資本政策・上場準備）を担当し、ベンチャーキャピタルからの資金調達、株式交換による企業買収などで成果をあげた。その後、独立系の会計コンサルティングファーム、ジャパン・ビジネス・アシュアランスにて、IFRS導入コンサルティング業務や決算支援業務、各種研修・セミナーの講師等を担当する。
「監査法人」「証券会社」「ベンチャー企業」「会計コンサル」。4つの視点で「会計」に携わった経験を持つ数少ない公認会計士。これらの経験をもとに、「会計」という一見とっつきにくいテーマを、図を使ってわかりやすく説明することに定評がある。机上の空論ではなく、「生きた数字」を感じてほしいという思いから、「実在する企業の財務諸表を分析する」コーナーを設け、受講者から大きな支持を得ている。指導実績は1万人を超え、受講満足度は5段階評価で平均4.8を誇る。

公式サイト：http://kawaguchihiroyuki.com/

経営や会計のことはよくわかりませんが、
儲かっている会社を教えてください！

2020年1月15日　第1刷発行
2020年1月30日　第2刷発行

著　者——川口宏之
発行所——ダイヤモンド社
〒150-8409　東京都渋谷区神宮前6-12-17
http://www.diamond.co.jp/
電話／03·5778·7236（編集）　03·5778·7240（販売）
装丁————山之口正和（OKIKATA）
本文デザイン·DTP－岸 和泉
校正————鷗来堂、加藤義廣（小柳商店）、小川美也子
製作進行——ダイヤモンド・グラフィック社
印刷————信毎書籍印刷（本文）・新藤慶昌堂（カバー）
製本————ブックアート
編集担当——中村明博

ISBN 978-4-478-10906-9